懂玩夏姬╳被渣西施╳最衰昭君╳間諜貂蟬╳嬌蠻貴妃，

中國五大美人的風流豔史

# 歷史上的紅顏之罪

陳為人 著

# 目錄

# 目錄

## 貂蟬：紅顏不幸成禮品



## 王昭君：大漠青塚紅顏怨

# 目錄

## 楊玉環：馬嵬紅顏長恨歌

# 引子

望文生義，一看標題就是關於女性的話題。

每每翻閱史典，女流誤國紅顏禍水的文字不絕於目：夏桀是毀於妹喜，商紂是亡於妲己，周幽王的烽火戲諸侯千金買一笑也是迷惑於那個美女褒姒；稱霸戰國的吳王夫差是讓西施繳械，英名蓋世的呂布是讓貂嬋廢了武功；此後，中興之主唐明皇玄宗是敗亡在楊貴妃之手，明朝的棟梁之材吳三桂「衝冠一怒為紅顏」，因了陳圓圓而淪為民族叛徒千古罪人……魯迅對幾千年來道學家們奉行的「紅顏禍水」的封建倫理觀給予了辛辣的嘲諷：「中國的男人，本來大半都可以做聖賢，可惜全被女人毀掉了。商是妲己鬧亡的；周是褒姒弄壞的；秦……雖然史無明文，我們也假定他是因為女人，大約未必十分錯，而董卓可是的確給貂嬋害死了。」

在周武王伐商紂王的檄文中，一條主要罪狀即是「唯婦言是用」。按照儒家的邏輯，迷戀女色成為一切昏君的亡國之源。

魯迅把這種封建的倫理道德觀稱之為：「文過飾非，遂墮惡趣。」

本書選擇了中國歷史上極富典型特徵的六位女子，展開此一話題。

# 引子

戰國時期的美女夏姬，被描繪為一個淫蕩而禍害的女人，說她「自幼就生得蛾眉鳳眼，桃腮殷紅，狐色狐媚，妖淫成性」。

少女初成，便把身邊的一眾男人迷惑得神魂顛倒。長大後更是「體若春柳，步出蓮花」，讓多少貴冑公子魂不守舍。甚至到四十多歲徐娘半老，仍誘惑得已經功成名就的楚大臣屈巫，竟然不顧名譽地位，捨棄家族的安危，與她一起「私奔」逃晉。據史載，凡是拜倒在夏姬石榴裙下的男人，無一不霉運當頭，下場悲慘，不是死於非命，就是禍及家族，更有甚者是亡國滅種。

夏姬的肉身猶如被施了魔咒，成為噩運的象徵。然而，縱使這種悲劇周而復始地重演，而公卿貴戚如同撲火的燈蛾，照舊前仆後繼，執迷不悟，赴湯蹈火，在所不辭。夏姬真正成為空前絕後的「情場殺手」，似乎驗證著世人「紅顏禍水」一說。

息嬀是陳國國君陳宣公之女，因嫁息侯而稱息嬀。描繪息嬀的美貌，任何陳詞濫調的文字都顯得蒼白，只能用情節才能得到形象表達。古希臘神話中有個美女海倫，為了爭奪她，發生了持續十年的特洛伊戰爭。而因了息嬀的美貌，竟然引發了春秋之際的兩場大戰。陳宣公有兩個女兒，大女兒嫁給蔡國國君蔡哀侯獻舞，小女兒息嬀許配給息國國君息侯。然而，因了息嬀的美貌，竟引得姐夫對小姨子想入非非。於是，蔡國與息國間顧不得「連襟連襟，打斷骨頭也連著筋」，同室操戈，拔劍一怒為紅顏。這場戰爭的結果是，鷸蚌相爭，漁翁得利，一直對蔡、息兩國虎視眈眈的楚文王，趁兩敗俱傷之際，把息嬀收攬為自己的寵姬。

古人說到女子之美，總用「沉魚落雁，閉月羞花」來形容。傳說西施在越國浦陽江邊浣紗，水中的魚兒看到她的驚豔容貌，自慚形陋而愧沉江底；傳說貂蟬在花園中拜月時，因其容顏照人，使皎月也黯然失色，被稱之為「閉月」；傳說昭君出塞時，行進於漫無邊際荒漠之中，彈起哀怨的《出塞曲》，天邊飛過的大雁為曲調所感染，肝腸寸斷，紛紛墜落在地；傳說楊玉環在花園中賞花時，用手撫花，霎時間花瓣收縮，花葉垂下，猶如含羞草一般。於是後人用「沉魚落雁，閉月羞花」分指中國古代四大美女。

西施、貂蟬、王昭君、楊貴妃的故事，在中國幾乎可說是家喻戶曉，婦孺皆知。

西施作為歷史上記載最早的「色情間諜」，「受命於危難時節」：深入虎穴，「狐媚惑主」，把一代天驕、春秋五霸之一的吳王夫差迷得神魂顛倒，成就了越王句踐「臥薪嘗膽」的一番霸業。《孟子·離婁下》中有言：「西子蒙不潔，則人皆掩鼻而過之。」把西施的「以身許國」認作是「蒙不潔」。西施，對越國來說是復仇興

# 引子

國的功臣，而對吳國而言卻成為禍國殃民的罪人。多愁善感、血肉之軀的西施，變作利用色相任人驅使的「人肉砲彈」，由此也就注定了西施紅顏命薄的人生悲劇。

貂蟬的紅顏美貌，在兩千年的封建歷史中數度變臉：在王允的「連環美人計」中，始而許給呂布為小妾，繼之又獻給董卓為侍伎，「一女許了兩個婆家」，「奪妻之恨」演變為「殺父之仇」。貂蟬借呂布之手誅滅了奸臣董卓，成為「重扶社稷，再立江山」的大漢功臣。「白門樓呂布殞命」後，作為呂布小妾的貂蟬又被曹操作為戰利品故技重演，始而送給劉備復又送給關羽，試圖挑撥情同手足的「桃園結義」兄弟鬩牆，終至出現關公「斬貂蟬」與「釋貂蟬」的兩種版本。貂蟬一會兒被讚譽為深明大義萬死不辭的巾幗英雄，一會兒又被罵為避之唯恐不及的「紅顏禍水」。

昭君出塞的故事在歷代文人的「生花妙筆」下，交響為頌歌大合唱。白居易有詩句：「為問昭君月下聽，何如蘇武雪中聞？」把王昭君的和親與蘇武的出使守節相提並論。在王昭君「青塚」的墓碑上，還刻下這樣的祭辭：「一身歸朔漠，數代靖兵戎；若以功名論，幾與衛霍同。」更是把昭君和親的功績與征戰匈奴立下赫赫戰功的衛青、霍去病媲美。然而，又有幾人追究「粉脂作甲冑」，紅顏能抵百萬兵的「和親政策」之下，王昭君背井離鄉「胡漢通婚」的斑斑血淚？

楊貴妃更是為歷史遺留下眾多謎團。楊玉環由初始作為唐玄宗的兒媳婦，搖身一變而為唐玄宗「回眸一笑百媚生」的寵姬，這種「近似亂倫」的婚配之謎；楊貴妃與梅妃江采蘋之間，「本是同根生，相煎何太急」，必欲置情敵於死地的情鬥之謎；李白被唐玄宗逐出宮廷，究竟與楊貴妃是怎樣一種關係之謎；司馬光《資治通鑑》上一句「祿山出入宮掖不禁，或與貴妃對食，或通宵不出，頗有醜聲聞於外」，留下了楊貴妃是否與安祿山有著曖昧關係之謎等等。在唐玄宗由「旰食宵衣」的「英主」，轉變為「春宵苦短日高起，從此君王不早朝」的「昏君」之過程中，楊貴妃到底扮演的是一個怎樣的角色？

本書鉤史掘沉，對「被列於歷史黑名單上」紅顏命薄的六位古典美人作了全新的詮釋和顛覆，還紅顏以真面目。

# 引子

# 夏姬：莫道紅顏多禍水

## 一、一個典型的「反面教材」

夏姬，非名非姓，只是「在家從父，出嫁隨夫」，嫁了男人後的一個稱呼。

夏姬是鄭穆公的女兒，約出生於西元前六四〇年前後的春秋時期。劉向的《列女傳》記錄下先秦前漢眾多「烈女」、「名媛」，而把夏姬「忝列其列」，放入「孽嬖」一章。《列女傳》上這樣描繪夏姬：「其狀美好無匹，內挾技術，蓋老而復壯者。三為王后，七為夫人。公侯爭之，莫不迷惑失意。」夏姬的一生，勾搭上陳靈公等三個國君，故稱「三為王后」；先後又有七位王公大臣與她有染，又稱「七為夫人」；有九個男人死於她超強的床上「採陽補陰」之術，又稱「九為寡婦」。但凡沾染上她，莫不像灌了迷魂藥，被搞得神魂顛倒。你看這個女人厲害不厲害？

《左傳》中七處記載夏姬生平，《史記》中五處提到夏姬經歷，《國語》、《穀梁傳》、《資治通鑑》等典籍中無不閃現夏姬的身影，《詩經．株林》、《東周列國志》及連篇累牘的野史外傳中，夏姬也從未缺席，「出鏡率」如此之高。

她的美貌恐怕已經不能用閉月羞花、沉魚落雁、傾城傾國來形容。《詩經．碩人》上有現成的描繪女子之美的詞句：「膚如凝脂，手如柔荑，巧笑倩兮，美目盼兮。」在古代的言情小說《株林野史》上，更是把夏姬描繪成一個淫蕩而禍害的女人，說她「自幼就生得蛾眉鳳眼，桃腮殷紅，狐色狐媚，妖淫成性」。少女初成，便把身邊的一眾男人迷惑得神魂顛倒。長大後更是「體若春柳，步出蓮花」，讓多少貴冑公子魂不守舍。夏姬姿容絕世，不但具有驪姬息媯的美貌，更兼有妲己褒姒的狐媚，甚至到四十多歲徐娘半老，仍誘惑得已經功成名就的楚大臣屈巫，竟然不顧名譽地位，捨棄家族的安危，與她一起「私奔」逃晉。

據史載，凡是拜倒在夏姬石榴裙下的男人，無一不霉運當頭，下場悲慘。不是死於非命，就是禍及家族，更有甚者是亡國滅種。夏姬的肉身猶如被施了魔咒，成為噩運的象徵。然而，縱使這種悲劇周而復始地重演，而公卿貴戚如同撲火的燈蛾，照舊前仆後繼、執迷不悟、赴湯蹈火、在所不辭。夏姬真正成為空前絕後的「情場殺手」。於是世人有了「紅顏禍水」一說。在後世儒家倫理道德觀念中，夏姬的典型意義是作為警世醒世喻世的「反面教材」。

## 二、紅顏為何總薄命

清代的豔情小說《株林野史》裡，描述了夏姬的「閃亮登場」：小說為夏姬取名叫「素娥」。這個名字讓人聯想到古代房中術的傳授者素女。而小說中的素娥也從神仙那裡學會了房中術。一天晚上，素娥裸身睡覺，夢中來到一個花園，在一座亭子旁見到一個偉岸異人，星冠羽服，自稱上界天仙。與她交媾後，送給她兩顆藥丸，一個是開牝丸，一個叫緊牝丸，又將「素女採戰術」教給了她。學會了這個法術，能吸精導氣，與人交媾曲盡其歡，又能採陽補陰常保少女容顏。此法使得女人能夠常年被精氣滋潤，不被歲月雕刻，愈老愈少。即劉向《列女傳》書中所言「內挾技術，蓋老而復壯者」。正是這樣一個專以男人做美容養顏「藥引子」的狐媚，饑不擇食地找人「練功」，幼年便開始與庶兄公子蠻私通，同時還與數名宮闈之人亂交，最後還將自己的庶兄公子蠻「做」死了。

既稱之《株林野史》，必然有了諸多杜撰。在春秋時代，還沒有什麼房中術。根據史料，夏姬作為一國公主，其行為與她出身的鄭國有關。與多名男子相交，在當時未必會被看作「淫亂」。呂思勉在《中國通史》一書的〈婚姻〉章中有這樣的考

證：鄭國之俗，三月上巳之日，於溱洧兩水之上，招魂續魄，拂除不祥，士女往觀而相謔。《漢書．地理志》記載：「鄭國土陋而險，山居谷汲，男女亟聚會，故其俗淫。」《周禮》中規定：「中春之月，令會男女，於是時也，奔者不禁。」所謂的「奔」，也就是後世所說的私奔、野合，其地點往往選擇野地樹林，這也就是後世所說的桑林之會。男女聚會的桑林，往往由官府指定，男女在這裡結識性伴侶後，馬上就可以同居，再走過場似地辦一下手續，就有了婚姻關係。而更多的男女則不斷更換性伴侶。在中國古老的婚俗和祭祀中，保留著同一團體內、除了直系血緣關係外，男女之間性行為是開放的，特別在祭祀時，上輩的女子可以與任何沒有直接血緣關係的男子進行性活動，以使得代表本氏族生殖功能的神靈之氣世代相傳。考古發現，商周時代的墳墓，半數以上都是單墓，很少見雙墓或合墓的。這說明當時男女野合並不以組建家庭為目的。在一定程度上沿襲著原始社會時期的習俗，不婚或群婚。野合這一上古遺風，在中國古代持續了很長時間，就像節日一樣，之所以會有這樣習俗，可能是因為戰爭的原因。打仗肯定會死人，仗打得多，人口數量也減少了，統治者就鼓勵成年男女或者寡婦定期在某個地方集合，歌舞一番後找各自心儀的對象，開始了繁殖人口的工作。司馬遷的《史記．滑稽列傳》有一段淳于髡

的描述：「州閭之會，男女雜坐。行酒稽留，六博投壺，相引為曹。握手無罰，目眙不禁。前有墮珥，後有遺簪。」「日暮酒闌，合尊促坐。男女同席，履舄交錯。杯盤狼籍。堂上燭滅，主人留髡而送客。羅襦襟解，微聞薌澤。」也表現了這種「亂交」風俗。《詩經．鄭風》有二十一首詩，其中「淫奔之詩」就有十五首之多，而又多為「女惑男之語」。也表現了鄭國女子特有的狂放風情，以及因多年的戰爭，導致女多男少，男女比例失衡，女子急切追求男子的現實。正因為這種「男女雜遊，不媒不聘」的風俗，使得夏姬尚未入世，臉上已被抹上灰。《株林野史》不顧歷史背景，把夏姬描繪為「淫亂的女子」，甚至把公子蠻的死也歸之於夏姬的「素女採戰術」，顯然是主觀臆測。據《左傳．成公十六年》記載，子蠻是死於鄭宋之戰。

在後世的道學家看來，夏姬的這段「經歷」成為「原罪」。

鄭穆公對自己這個女兒非常頭痛，一心想著「嫁禍於人」，替她趕快找個婆家，讓男人管束她安分下來。於是，匆匆把她遠嫁到陳國，做陳國大臣夏御叔的妻子。她從此從夫姓為夏姬。當時就有少時夥伴為夏姬鳴冤叫屈：堂堂大國公主，卻下嫁小國陳，嫁陳還不是嫁給國君，而僅是一個王室公子夏御叔。可能這也是因為夏姬背負了一個「壞名聲」，只能委曲求全。初嫁陳國大夫夏御叔，史書斷了對夏姬「瘋狂」的攻訐。據史載，夏御叔為人寬厚、穩重，人也長得俊美灑脫，娶到一個天仙般的夫人，倍加疼愛、呵護。不久他們生下兒子夏徵舒，夫妻生活得琴瑟和諧，舉案齊眉。那一段大約有十年時間。夏姬心中一定燃起過愛情的希望之火，「嫁雞隨雞」、「嫁狗隨狗」，她從此準備恪守婦道「相夫教子」，做一個賢妻良母。

可是，紅顏為何總薄命？

《左傳．宣公九年》載：「御叔死，與陳靈公、大夫孔寧、儀行父私通。」偏偏命運捉弄紅顏，就在兒子徵舒才八歲，夏御叔就忽然暴病而亡，還出現了在傷口上抹鹽的風言風語：說夏御叔是被夏姬剋死了，是被夏姬「吸乾了」。丈夫夏御叔死了，夏姬「從一而終」的守志也就成為「皮之不存，毛將焉附」。

無論後世的史學家、道學家如何推斷，或是善意地認為孤兒寡母生活不易，總要尋求幫助和依賴；或是惡意地攻擊夏姬淫蕩成性，耐不住閨房寂寞，總之是生存壓力的逼迫和生理需求的本能。封建倫理的守節貞婦，實際上是把人逼上絕路。呂思勉在《中國通史》一書〈婚姻〉章中考證：春秋戰國時代，「正妻以外的旁妻，無以名之，亦名之曰媵」，「有諸侯一娶九女之制。娶一國則二國往媵，各以侄娣從」。宋共姬出嫁到魯國，其他兩個諸侯國送女子來作媵；《論語．八佾》記載「管氏有

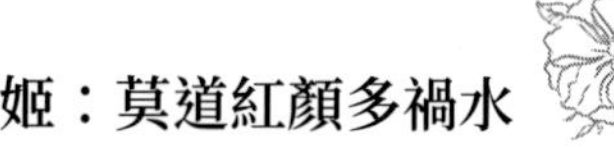

三歸，孔子譏其不儉」，管仲娶有三姓之女，受到孔子的譏諷；秦伯一次娶了五個女子等等……男人可以三宮六院、三房四妾，為什麼輪到女人就成為「好女不嫁二夫」，女人就必須「柴門枯燈」獨守空房？「一女多夫」的母系氏族遺風，開始向父系氏族的男女不平等轉化。

## 三、三男一女的荒唐性遊戲

噩運就從丈夫御叔去世開始。御叔的生前好友孔寧看著寂寞守寡的美麗夏姬，「趁虛而入」抑或還是「救人急難」？反正是「勾搭成姦」。按說這類「隱私」，你做了也就悄無聲息地做了，可偏偏這個孔寧是個登徒子，床笫之間欲仙欲死的旖旎風情，他忍不住向朋友儀行父炫耀。儀行父不信，孔寧就把一件繡花褲頭（繡襠）拿出來，說是夏姬送給他的，以為證實。於是又勾起儀行父的想入非非。儀行父也不甘示弱，千方百計使出手段勾引夏姬。夏姬見儀行父身材高大，鼻頭豐隆，風流倜儻，比孔寧有風度多了，也就「一拍即合」。儀行父很善於委婉女人，廣求春藥以媚夏姬，夏姬對他越發傾心，也就冷落了孔寧。孔寧吃醋之際，為報復儀行

## 三、三男一女的荒唐性遊戲

父，在陳靈公面前極言夏姬的「妙不可言」，說得陳靈公也動了心躍躍欲試。於是，演變成了一場荒唐的「三人性遊戲」。

《左傳．宣公十年》載：「陳靈公與孔寧、儀行父通於夏姬，皆衷其衵服以戲於朝。洩冶諫曰：『公卿宣淫，民無效焉，且聞不令。君其納之！』公曰『吾：能改矣。』公告二子。二子請殺之，公弗禁，遂殺洩冶。」陳靈公、孔寧與儀行父三人，不以為恥反以為榮，拿了夏姬的內衣褲竟然在朝堂上炫耀。大臣洩冶實在看不下去，犯顏勸諫：你們君臣三人如此荒淫，也不怕人言可畏？結果「勸盜不勸淫」，洩冶反而招來殺身之禍。孔子對此發出這樣的評議：「《詩》云：『民之多辟，無自立辟。』其洩冶之謂乎。」

這樁「奇聞」，吵得沸沸揚揚，連《詩經．陳風．株林》中都有詩云：「胡為乎株林，從夏南。匪適株林，從夏南。駕我乘馬，說于株野。駕我乘駒，朝食于株。」這首詩寫得很含蓄，明明是寫君臣三人去見夏姬，卻說是見夏南（夏徵舒）。按古代規矩，君王坐馬車，一乘四匹，大臣坐駒車。夏姬的寡居是在「株林」，在通往夏姬家的路上，陳靈公的馬車剛駛過去，大臣的駒車又駛過來了，他們要到株林去「說」、「食」，「說」也就是「悅」，意思是尋歡取樂，「朝食」表面的意思是

吃早餐，實際隱含著「秀色可餐」的意味。君臣剛剛上完早朝，就忙著趕往株林去與夏姬幽會。

事情弄到這種地步，物極必反，終致遭來災禍。

司馬遷在《史記》中記載：「十五年，靈公與二子飲於夏氏。公戲二子曰：『徵舒似汝。』二子曰：『亦似公。』徵舒怒。靈公罷酒出，徵舒伏弩廄門射殺靈公。孔寧、儀行父皆奔楚，靈公太子午奔晉。徵舒自立為陳侯。」在這場荒唐遊戲中，受到傷害最嚴重的當然是夏姬的兒子徵舒。兒子對吹進耳朵裡的「風言風語」，一直是掩耳盜鈴地持左耳進右耳出的態度，他除此之外還有什麼更好的辦法呢？一面是自己做人的尊嚴，一面是母親的名聲，他陷入了兩難境地。但是荒唐君臣三人，在徵舒忍氣吞聲的屈辱下，還要火上澆油，更加肆無忌憚。有一次，三人酒足飯飽之後，也不顧徵舒還在場就開起了玩笑。陳靈公對儀行父說：「我看徵舒長得越來越像你了。」孔寧、儀行父二人調笑回答：「還是像君王您。」這樣明目張膽地羞辱觸及了徵舒容忍的底線。他終於忍無可忍突然爆發了。當三人準備騎馬離開時，潛伏在馬廄的徵舒用箭射死了陳靈公，而孔寧和儀行父都逃亡楚國，陳靈公的太子午逃亡晉國。國內無君，徵舒自立為陳侯。

## 四、你爭我搶的「不祥人」

《左傳．宣公十一年》載：「冬，楚子為陳夏氏亂故，伐陳。」「遂入陳，殺夏徵舒」。不管你是什麼理由，夏徵舒的舉動是犯下了「弒君」大罪，按律是要誅滅九族。楚莊王是當時的春秋霸主，楚國與陳國又是毗鄰，陳國出了這麼大的事情，再加之孔寧、儀行父的讒言「引狼入室」，楚國趁機入陳，把夏徵舒車裂處死。

此後，發生了戲劇性一幕。

據《左傳．成公二年》載：莊王進入陳都，最為關心的一件事就是：「何以不見夏姬？」怎麼能讓她逃走了呢？將士們很快「於園中」搜出來，其實夏姬根本就沒有要逃，此時此刻，因自己兒子死於非命，她已是「心如死灰」。她之所以還「行屍走肉」般苟且偷生，恐怕也是「千古艱難唯一死」，對自己下不了手。

她把自己裝扮得鮮亮無比，只等楚莊王「滅九族」送她上路。夏姬走到楚莊王面前，沒有絲毫驚慌失措，坦然地說：「賤妾庸婦，命懸大王之手，您隨意處置吧。」《東周列國志．五十三回》描述：此刻，整個庭堂竟是鴉雀無聲。一雙雙男人的眼

睛，都直勾勾鎖定在這個女人身上。

《左傳．成公二年》載：「莊王欲納夏姬，申公巫臣曰：「不可。君召諸侯，以討罪也。今納夏姬，貪其色也。貪色為淫，淫為大罰。」楚莊王哪捨得讓這麼個「尤物」香消玉殞，他想納夏姬為妃。這時，就是那個其後要與夏姬「雙宿雙飛」私奔晉國的屈巫勸道：不可。君王召集諸侯討伐陳國，是伸張大義，現在如果「納夏姬」，讓天下人笑話你是貪色好淫才出兵。楚莊王畢竟是一個心存鯤鵬大志的有為之君，權衡利弊後他聽從了屈巫之勸，「乃止」。《左傳．成公二年》又載：「子反欲取之，巫臣曰：『是不祥人也！是夭子蠻，殺御叔，弒靈侯，戮夏南，出孔、儀，喪陳國，何不祥如是？人生實難，其有不獲死乎？天下多美婦人，何必是？』子反乃止。」楚莊王打消了納夏姬的念頭，又燃起了大臣的希望。子反趁機提出，大王就把夏姬賜給臣子吧。又是那個屈巫出面勸阻：夏姬乃是不祥之物，在她身上，已經出了幾條人命，你還敢娶她？天下的美人有的是，你又何必呢？於是，「子反乃止」。

最終，楚莊王把夏姬賜予了又老又醜的連尹襄。如此陰差陽錯，難道潘金蓮就活該嫁給武大郎？

# 五、愛情是從眼睛裡到心懷

也許讓夏姬有勇氣繼續活下去的理由，正是朝堂上屈巫的表現。她看在眼裡，以女人第六神經的敏感，聽話聽反話，從屈巫的「惡言」中，夏姬一定聽出了「弦外之音」。

屈巫是楚莊王的重臣，因戰功卓著，在楚國位高權重，是個手握重兵的封疆大吏。屈巫是「申」的縣公，因而也被稱為申巫。申地原是周朝封的諸侯大國，在現今河南南陽盆地，是周天子鎮守南方蠻夷的重地。西元前六八六年，楚文王假道鄧國滅了申國，姜姓公室被遷往楚國腹地。楚王將整個申國設立一個縣，派可資信任的重臣戍守。屈巫被封派為申的縣公，可見他在楚莊王心目中舉足輕重的地位。從史家的典籍記載，屈巫不失為一個有才略、有見地，堂堂正正、頂天立地的男子漢。他為夏姬叛逃楚國的行為，讓人感到匪夷所思。他何以捨得自己的家國？何以捨得自己位高權重的身分？何以要為一個在世人眼中如此放蕩的人放棄一切？按時間推算，屈巫為了夏姬拋家棄國、明媒正娶之時，夏姬至少超過了四十五歲，已然是「徐娘半老」。夏姬就是再會保養也是「昔日黃花」、青春不再，屈巫是看中了

夏姬哪一點？為一個名聲狼藉的女人拋棄了俗世的一切，這就是真正的愛？愛有幾分能說清楚！

夏姬也許把與男人上床看得很輕，但可以確信，屈巫在「明媒正娶」之前，與夏姬絕無肌膚之親。連善於演繹的《東周列國志》都說，屈巫僅僅是「使傳語於夏姬」，可見兩個人並沒有直接接觸，而只是靠人傳信。

那麼，只能說是「眼睛傳神」了。兩雙會說話的眼睛。這大概是男人與女人之間最高境界的「心有靈犀一點通」。印尼有民歌：「河裡青蛙從哪來，是從那水中向田裡游來；人的愛情從哪來，是從那眼睛裡到心懷。」

夏姬之悲劇，可能就在於她生命的初始，沒有遇到那個「適合自己的他」。女人的一生，大概都是在「眾裡尋他千百度」地等待那個生命中的「他」。

夏姬千年等一回，最後終於等到了。

在那些漫漫長夜的等待中，那個「淫蕩」的女人守著一個老男人，一直等到連尹襄戰死沙場。等到那個陌生的侍女傳來一張紙條：「歸！巫聘女。」她心中一陣狂跳，直覺沒有欺騙她，她清清楚楚聽見侍女告訴她：「是屈巫大人讓捎給你」，猛然間，夏姬熱淚頓作傾盆雨。

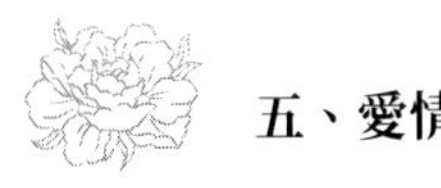



夏姬耐心地回到鄭國等待，歷史沒有記載夏姬等待屈巫的確定時間，能加以推斷的是，成公二年她便回到了鄭國，到楚共王繼位，屈巫出使齊國繞道鄭國接她，至少有四年以上，夏姬居然耐心等了這麼多年。這時夏姬的名聲早已狼藉不堪，那些道貌岸然的史學家們，如若夏姬再有什麼風流緋聞，他們絕不會輕易放過。在這漫漫一千多個長夜，四十如狼似虎的夏姬像變了一個人，耐得住寂寞，再也沒有在史籍中「露臉」。

夏姬對得起屈巫的信任，屈巫也沒有負夏姬。當夏姬回鄭國後，她如期如約接到了屈巫的「聘禮」。屈巫為實現自己的計劃精心籌謀，西元前五九〇年，楚莊王殞，楚共王即位，屈巫又藉出使齊國的機會，盡帶家室財產而行。屈巫完成出使的任務之後，讓副使帶著車馬以及齊國回贈的禮物回郢都，自己則繞道跑到鄭國，接上夏姬，逃亡到了晉國，「晉人使為刑大夫」，封為晉國邢邑（在今河南省溫縣東）大夫。屈巫叛逃的消息傳回郢都，司馬子反如夢初醒，終於明白當年屈巫屢言夏姬「不祥」的用心所在。子反感覺自己乃至整個楚國都被屈巫耍了，不由怒火攻心。他想盡一切辦法懲治屈巫。若屈巫所逃之地是個小國，攻打就是了。但晉是大國，足可與楚抗衡，子反只能轉而求其次，請求以重金賄賂晉國，以使晉國永不起用屈巫。還是楚共王羋審清醒，他說：如果晉國覺得他有用，你送再多重禮也只會是適得其反，反而促使晉國更加重用；如果晉國覺得他無用，那麼即便你不送禮，晉國也不會用他。

感覺受到戲弄的子反，豈能壓下心中這口氣。西元前五八五年，恨怒交集的楚司馬子反與令尹子重聯手，「盡殺屈巫之族，分其田土」。屈巫奔晉後，其長輩或同胞兄弟被子重、子反所殺的有子閻、子蕩、弗忌多人。

屈巫為愛情付出了慘痛的代價。

據《左傳．昭公二十八年》記載，夏姬與巫臣到晉國後，夏姬還為屈巫生下一個貌美如花的女兒。晉大臣羊舌子的兒子叔向欲娶為妻，他母親告誡說：「子靈（巫臣）之妻殺三夫、一君、一子、而亡一國、兩卿矣，可無懲乎……夫有尤物，足以移人，苟非德義，則必有禍。」用白話說，這樣的女人就是「綠茶婊」，做下那麼多缺德事，豈會無報？於是，叔向不敢娶為妻。

後來是晉平公強迫叔向娶夏姬之女為妻，並生了兒子伯石。伯石出生時，按說家門添子，乃是大喜之事，然而，叔向之母在看孫子時，未見其人，「聞其聲而還，曰：『是豺狼之聲也。狼子野心。非是，莫以喪羊舌氏矣。』遂弗視」。伯石長成後，與祁盈等人結黨作亂，被晉侯誅殺，遂滅羊舌氏，應驗了叔向母的預言。

夏姬「紅顏禍水」的符咒一直延續到女兒身上。無論當年的史書如何記載，也無論後世的史家如何評價，有一點可以肯定：這個剋死多個男人的「妖孽」，在屈巫身上無法再施以魔法，兩人歷經磨難「有情人終成眷屬」，平靜而幸福地享受著「黃昏戀」。

# 六、紅顏並非禍水

俄羅斯著名評論家別林斯基（Belinsky）在評論莎士比亞《哈姆雷特》（*Hamlet*）一劇時，談到了兩種類型女人：有一種女人，從一而終。自己所愛的男人不在了，她就覺得自己的生命也隨之終止了。別林斯基說，奧菲莉亞（Ophelia）就是這類女子的典型。而我們中國，幾千年的封建禮教，更是塑造了無數此類女子的典型。祝英台、劉蘭芝，《西廂記》、《牡丹亭》，俯拾即是。還有另一種女人，愛的熱烈，愛的勇敢大膽。她會轉換自己追求的目標，愛時真誠，離去也堅決，沒有絲毫卿卿我我，藕斷絲連。別林斯基說，卡門就屬這類女子的代表。別林斯基說，我們不能

說這一種女人忠貞，另一種女人就淫亂。其實，只是反映了精神力量的差別，後一種女人的精神力量更為強大。其實，我們評價女人，如果超越倫理觀念的範疇，上升到審美的高度，則不必去比較兩種女人孰優孰劣，只不過是不同的精神追求。

別林斯基洞若觀火的深刻見解，為我們解讀夏姬這類女子提供了理論依據。

每每翻閱史典，女流誤國、紅顏禍水的文字不絕於目：夏桀是毀於妹喜，商紂是亡於妲己，周幽王的烽火戲諸侯、千金買一笑，也是迷惑於那個美女褒姒；稱霸戰國的吳王夫差是讓西施繳械，英名蓋世的呂布是讓貂嬋廢了武功；此後，中興之主唐明皇玄宗是敗亡在楊貴妃之手，明朝的棟梁之材吳三桂「衝冠一怒為紅顏」，因了陳圓圓而淪為民族叛徒千古罪人……魯迅對幾千年來道學家們奉行的「紅顏禍水」的封建倫理觀給予了辛辣的嘲諷：「中國的男人，本來大半都可以做聖賢，可惜全被女人毀掉了。商是妲己鬧亡的；周是褒姒弄壞的；秦……雖然史無明文，我們也假定他是因為女人，大約未必十分錯，而董卓可是的確給貂嬋害死了。」

魯迅洞若觀火地指出了一個歷史現象：在周武王伐商紂王的檄文中，一條主要罪狀即是「唯婦言是用」。按照儒家的邏輯，迷戀女色成為一切昏君的亡國之源。古史上有名的昏君夏桀、商紂的亡國，都是與他們的荒淫無度和沉溺女色有關。《尚書．多方》記載：「乃大淫昏」；〈多士〉篇記載：「大淫佚有辭」，都是指斥夏桀與妺喜之間的荒淫無度。《國語．晉語》記載：「夏桀伐有施，有施人以妺喜女焉。」《博物志．異聞》記載：「夏桀之時，為長夜宮於深谷之中，男女雜處，十旬不出政。」《韓詩外傳》云：「桀為酒池可以運舟，糟丘足以望十里，而牛飲者三千人。」《列女傳．夏桀末喜》（編按：末喜即妺喜）記載：「桀既棄禮義，淫於婦人，求美女，積之於後宮，收倡優侏儒狎徒，以為奇偉戲者，聚之於旁。造浪漫之臺，日夜與末喜及宮女飲酒。為酒池，一鼓而牛飲者三千人。醉而溺死者，末喜笑之以為樂。」征伐有施氏時的一代威武之君夏桀，是在妺喜的勾引下才變得「英雄氣短，兒女情長」。因此觸怒了上天，乃降下天威以商湯代夏桀。

商紂王的命運與夏桀雷同：《尚書．牧誓》記載：「今商王受（紂）唯婦言是用，昏棄厥肆祀弗答，昏棄厥遺王父母弟不迪。」就是說，商紂王把婦女的地位，放在對神祇祭祀和兄弟血緣關係之上，「唯婦言是用」，對妲己的話言聽計從。《國語．晉語》記載：「殷辛伐有蘇，有蘇氏以妲己女焉。」《史記．殷本紀》記載，商紂王「愛妲己，妲己之言是從。於是使師涓作新淫聲，北里之舞，靡靡之樂……以酒為池，懸肉為林，使男女裸相逐其間。」於是那

個力可徒手搏虎的一代勇士商紂也因妲己亡了國。

西周末年，周幽王也是重蹈了「紅顏禍水」的覆轍。《國語．晉語》記載「周幽王伐有褒，有褒人以褒姒女焉」、「褒姒有寵，生伯服，於是乎與虢石甫比，逐太子宜咎而立伯服」。《史記．周本記》記載，褒姒不愛笑，幽王想盡辦法，褒姒始終不笑。最後「為烽燧大鼓，有寇至則舉烽火，諸侯悉至。至而無寇，褒姒乃大笑。幽王悅之。為數舉烽火。其後不信，諸侯益亦不至」。這就是歷史上著名的「烽火戲諸侯」之故事。於是，「赫赫宗周，褒姒滅之」，「亂非自天降，生自婦人」，把西周盛世的「壽終正寢」歸咎於褒姒。

史書鑿鑿，白紙黑字，把夏、商、西周三朝的亡國之罪，都推到了三個弱女子身上。魯迅把這種封建的倫理道德觀稱之為「文過飾非，遂墮惡趣」。

紅顏並非禍水！

# 息嬀：美貌豈成紅顏罪

## 一、美貌引得禍起蕭牆

息嬀是陳國國君陳宣公之女，嫁息侯而稱息嬀。陳國先祖曾為舜的後裔，世居嬀水，後以此為姓，文王滅商後被封在河南淮陽一帶。傳說息嬀出生在深秋，卻滿園桃花盛開。一出生就引來了百鳥朝鳳，額上帶著桃花胎記，彷彿桃花女神轉世。

因為面若桃花，又稱「桃花夫人」。有詩云：「桃花夫人好顏色，月中飛出雲中得。新感恩仍舊感恩，一傾城矣再傾國。」杜牧在〈題桃花夫人廟〉一詩中讚歎：「細腰宮裡露桃新，脈脈無言幾度春。」納蘭容若在〈採桑子〉一詞中寫下這樣讚美文字：「桃花羞作無情死，感激東風。吹落嬌紅，飛入窗間伴懊儂。」《東周列國志》描繪息嬀之貌美「目如秋水，臉似桃花，修短適中，舉動生態」。

描繪息嬀的美貌，任何陳詞濫調的文字都顯得蒼白，只能用情節才能得到形象表達。古希臘神話中有個美女海倫，為了爭奪她，發生了持續十年的特洛伊戰爭。而因了息嬀的美貌，竟然引發了春秋之際的二場大戰。

《左傳．莊公十年》記載：「蔡哀侯娶於陳，息侯亦娶焉。息嬀將歸，過蔡。蔡侯曰：『吾姨也。』止而見之，弗賓。息侯聞之，怒，使謂楚文王曰：『伐我，吾

求救於蔡而伐之。』楚子從之。秋九月，楚敗蔡師於莘，以蔡侯獻舞歸。」

陳宣公有兩個女兒，大女兒嫁給蔡國國君蔡哀侯獻舞，小女兒息媯許配給息國國君息侯。西元前六八四年（楚文王六年），息媯回娘家探親，路過蔡國，順便看看姐姐。蔡哀侯獻舞說息媯是自己的小姨子，予以熱情款待。楊伯峻《春秋左傳注》說：「息媯甚美，則此所謂弗賓，蓋有輕佻之行。」蔡哀侯獻舞見了小姨子動手動腳很失禮節。息媯是個莊重女子，又羞又怒，但可能是礙於姐姐面子，沒有當場發作，只是「弗然離席」。息侯聽說了這件事，一怒為紅顏，馬上要兵戎相見。無奈蔡國比息國實力強大，息侯評估自己打不過，於是絞盡腦汁想出了個「餿主意」：息侯派人求助於楚文王，說：「請您假裝攻打我國，我向蔡國求救，您就有藉口可以攻打蔡國了。」

當時的楚國正尋求稱霸，四處討伐：消滅了鄧國，攻克了權國，征服了隨國，擊敗了鄖國，與絞國締結了盟約，漢水以東的小國，皆對楚國稱臣進貢，只有蔡國仰仗與齊侯連姻，沒有屈從楚國。而息國因為與蔡國是「連襟」，也讓楚國一時難以下口。現在息侯「自毀長城」，息侯之請等於是正中下懷，楚王自然是順水推舟地答應了。

息侯是個短視之人，有件事也可說明。

《左傳．隱公十一年》記載：「犯五不韙而以伐人，其喪師也，不亦宜乎？」息國與鄭國毗鄰，兩國是同姓封國，一向友好睦鄰關係很好。但因為芝麻綠豆的小事起了爭端，息侯就一時衝動，也不管鄭國是比息國強盛許多的大國，想先發制人，率大軍奔襲鄭都。鄭國還沒等息國的軍隊到達鄭國的邊境，就拒敵於國門之外，把它打得落花流水！息侯伐鄭，不但留下一個字數很多的成語「冒天下之大不韙」，而且留下一個人盡皆知的成語「自不量力」。

《左傳》的作者左丘明說：「從這件事，人們可以預知息國很快就會滅亡。」息媯是錯嫁了丈夫，嫁了個這麼不爭氣的夫君。

## 二、道學家眼中貞女烈婦的形象

楚文王將計就計，應息侯所請假裝兵臨城下，蔡哀侯獻舞果然親率大軍來救。安營未定，楚兵四面包圍進攻，蔡哀侯獻舞在黑夜中倉皇突圍，奔至息城，息侯卻緊閉城門。蔡哀侯獻舞走投無路，大敗而逃。楚軍從後面緊追不捨，一直到莘野捉住了蔡哀侯獻舞，把他帶回了楚國。此時息侯大張旗鼓地犒勞楚軍，蔡哀侯獻舞方知中計，但已悔之晚矣。

《左傳．莊公十四年》記載：蔡哀侯獻舞被俘虜到楚國後，為莘野之敗耿耿於懷，決心報復息侯。他「繩息媯以語楚子」，極力在楚文王面前誇讚息媯容貌如何絕色美麗，說自己正是因為抵禦不住息媯美貌的誘惑，才鑄成大錯。說得楚文王動了心。領兵至息。楚文王設宴招待息侯，乘機掠取了息侯，遂滅掉了息國，設為郡縣。

楚文王把息媯帶回了楚國，自娶為妻，史稱文夫人。

楚文王利用息、蔡兩國的矛盾順手牽羊，得到這位絕代美人。據《左傳．莊公十四年》記載：息媯入楚宮後，始終不肯開口言語，只是默默地順從。楚文王問其原因，息媯說：「吾一婦人，而事二夫，縱弗能死，其義奚言？」楚文王以為息媯怨恨蔡侯，遂於西元前六八〇年（楚文王十年）又興師伐蔡，同年秋七月，楚軍突入蔡國，俘獲蔡哀侯獻舞，將其囚禁至死。

一個絕色女子，引發了兩場戰爭，後人把美人的傾城傾國，歪批為因美貌而亡城亡國。

漢劉向的《列女傳》記載，楚文王滅息，虜獲息君夫婦，息夫人自殺，息君亦自殺，國破家亡之時雙雙自盡。

劉向的《列女傳》也講述了息媯入楚後的命運：有一次，楚文王出城打獵，預計兩三天後才能回宮。息媯趁此機會，悄悄地跑到城門處私會自己的丈夫，兩人見面，恍同隔世，她邊哭邊說：「妾在楚宮，忍辱偷生，初則為了保全你的性命，繼則為了見你一面，如今心願已了，死也瞑目。」息侯傷心欲絕，安慰媯氏說：「蒼天見憐，必有重聚之日，我甘任守城小吏，還不是等待團圓的機會嗎？」但息媯心願既了，再不願忍辱偷生，乾脆以死明志，頭撞城牆而死，息侯阻攔不及，頓時萬念俱灰，也撞死在城下。

劉向出於正統的道德倫理觀，向壁虛構把息媯描繪成一個忠於愛情的忠貞烈婦。當息侯還存一絲苟且偷生念想時，息媯勸息侯：「人生終究一死而已。生離於地上，豈如死歸於地下哉？」並做〈大車〉一詩，向息侯表示對愛情至死不渝。〈大車〉成了息媯的絕命詩：

大車檻檻，毳衣如菼。豈不爾思？畏子不敢。
大車哼哼，毳衣如璊。豈不爾思？畏子不奔。
穀則異室，死則同穴。謂予不信？有如皦日！

吱吱響的是大車，車衣淡綠荻苗色。豈不想你如落魄？怕你不敢真的愛我。大車重遲慢吞吞，車衣暗紅赤玉身。豈不想你似失魂？怕您不奔容易變心。生只能與你異室分，死就跟你同一墳。說我此話不可信？有那白日做證人！

《列女傳》記載：「楚伐息，破之。虜其君，使守門。將妻其夫人，而納之於宮。楚王出遊，夫人遂出見息君，謂之曰：『人生要一死而已，何至自苦！妾無須臾而忘君也，終不以身更貳醮。生離於地上，豈如死歸於地下哉！』乃作《詩》曰：『穀則異室，死則同穴。謂予不信，有如皦日。』息君止之，夫人不聽，遂自殺，息君亦自殺，同日俱死。王賢其夫人，守節有義，乃以諸侯之禮合而葬之。」

當楚文王打獵回來，知道了這件事，竟能寬宏大量地以諸侯之禮將息侯與息嬀合葬在漢陽城外的桃花山上。後人在山麓建祠，四時奉祀，稱為「桃花夫人廟」，至今仍為漢陽的名勝之一。息縣《縣志》中還有人為息嬀立了傳記碑文。一九八四年

五月，在息縣縣委招待所還出土了清同治年間的「息夫人辯證碑」。息縣城關還新建有息夫人塑像，以示紀念。至今，息縣一帶還流傳著「掛燈勸息侯」及「三年不語」的故事。

劉向筆下息媯的故事，感動了歷朝歷代文人士大夫的心。

西元七二〇年，唐玄宗的兄長寧王李憲，在王府中舉行一場酒宴。一年前，寧王將一位長得如花似玉的餅師之妻奪為寵妾。

在這次宴會上，寧王可能喝多了酒，醉醺醺地問她：「妳還想原來的丈夫嗎？」少婦默然無語。寧王趁著酒意，召來餅師。結果，夫妻見面之後，少婦情不自禁地雙淚垂頰，在座的賓客們無不為之動容。年僅二十歲的詩人王維此時正是寧王的座上賓，他即席寫下了著名的〈息夫人〉一詩：「莫以今時寵，能忘昔日恩。看花滿眼淚，不共楚王言。」以息媯作比，寧王看了王維的詩，幡然悔悟，讓餅師夫妻破鏡重圓。

宋之問在〈息夫人〉一詩中寫道：「可憐楚破息，腸斷息夫人。乃為泉下骨，不作楚王嬪。楚王寵莫盛，息君情更親。情親怨生別，一朝俱殺身。」杜牧在〈題桃花夫人廟〉也嘆曰：「畢竟息亡緣底事？可憐金谷墜樓人！」

古人片面接受迷戀女色以致亡國的教訓，認為「醜女家中福」，把所謂的「妖豔」作為是蠱惑的禍源。對婦女的忠貞提出了「苛求」，對那些不能「從一而終」的女性，被認定是「剋夫」的災星。

在《左傳》、〈天問〉等作品中，記載了夏王朝建國之初，由於宗族內部父子、夫婦之間的矛盾，引起外族首領后羿的入侵，以及后羿又被寒浞殺死的故事：「有仍氏生女，黝黑而甚美，光可以鑑，名曰玄妻。」就是那種被稱之為「黑珍珠」的黑美人。玄妻嫁給了夏后啟（即河伯），生下五子，由於啟與玄妻五子間的矛盾，引發了后羿誅殺夏后啟而代夏政、娶玄妻為婦的事件。后羿當政期間，耽於田獵，不務政事，被他任用的寒浞殺死。寒浞繼位後，再娶玄妻為妃。由於玄妻接連迷倒了三人，她被喻為「純狐」。《藝文類聚》九五引《名山記》曰「千年之狐為淫婦」，河伯、后羿和寒浞，都是因了娶「純狐」而導致亡國，所以把一切導致亡國的美人統稱之為「狐狸精」，這就是史家筆下「一女從三夫」造成的惡果。

史家正是在這一觀念下，眾口鑠金，把息媯塑造成一個「從一而終」的貞女烈婦形象。

## 三、史實在倫理觀的筆下走樣

其實，在儒家倫理道德觀念下，息嬀的形象與歷史的真實相去甚遠。《左傳．魯莊公十四年》記載：「楚滅息，以息夫人息嬀歸，生堵敖及成王。」息嬀很是得到楚文王的寵幸，息嬀為楚文王生下兩子，其中一個就是後來在楚國崛起歷史中赫赫有名的楚成王。息嬀貴為太后。

還是清初詩人鄧漢儀對人性洞察，他在〈題息夫人廟〉一詩中寫道：「楚宮慵掃黛眉新，只是無言對暮春。千古艱難唯一死，傷心豈獨息夫人。」

一個如桃花易逝的柔弱女子，面對握有生殺大權的強勢帝王，又能有什麼選擇呢？也許殉夫是一個選擇，但「千古艱難唯一死」，一個人捨生赴死是那麼容易的嗎？

最初，息嬀可能是「忍辱偷生」地苟活下來。但她漸漸發現，她重新面對的是怎樣一個郎君。楚文王不失為「一代天驕」，是一個很有作為的君王。西元前六八九年，即楚文王元年，楚國正式遷都於郢。開始了一個昔日蠻荒之楚的崛起。孔子所撰《春秋》，就是從楚文王始第一次記載了楚國的事。杜預《春秋》注說：「楚辟陋在夷，於此始通上國。」

還有幾個情節，頗能顯示出楚文王之作為。

一件事發生在楚文王將蔡哀侯獻舞俘回楚國之後，蔡哀侯獻舞對息侯恨之入骨，又對楚國師出無名而憤怒異常，在楚營大罵不已。楚文王大怒，下令烹殺蔡哀侯獻舞以祭太廟。楚國的忠耿大臣鬻拳犯顏直諫，指出：「大王準備問鼎中原，若殺蔡侯，別的小國都害怕了！會結成聯盟與我國為敵，不如放了他，結為盟友。」楚文王雖然明白這個道理，總認為蔡哀侯獻舞太囂張，仍然堅持烹殺之。事情十分危急！鬻拳憤怒地衝到楚文王座前，左手抓住文王的袖子。右手拔劍厲聲喝道：「臣與陛下就是都死了，也不忍看到楚國喪失諸侯中的盟友！」楚文王大驚失色，連聲說：「好了好了！我聽你的！」下令赦免了蔡侯。鬻拳這時匍伏在地，說：「大王能聽臣的建議，是楚國之福，然而臣子脅迫君王，罪當萬死，請殺了我吧。」楚文王嘆了一口氣說：「你的忠心可昭日月，寡人不怪罪你！」鬻拳卻說：「大王雖然赦臣，我卻不能自赦！」手起劍落，鬻拳的一隻腳被砍掉，並大聲對群臣說：「人臣有對君上無禮的，就應該受這樣的處罰！」楚文王命人用棉匣將鬻拳的斷腳裝起來，放在太廟之中，以表示永久自責，因為不能接受有利於國家的好意見，使忠臣受到摧殘。文王

讓醫生替鬻拳治病，病癒後卻不能走路了。楚王就讓他作大閽的官職，負責掌管城門，尊稱為太伯。

還有一個類似的情節：據《說苑》載，楚文王時有一個叫保申的人，嚴厲批評楚文王貪戀田獵、沉迷酒色、不理朝政的行為，並以「先王之命」予以笞打，楚文王幡然改悔。知過能改，善莫大焉，楚文王是能夠聽進去逆耳忠言的明君。

還有一個故事更是幾千年來流傳得家喻戶曉：

據《韓非子》記載，楚國有一個人叫卞和，在荊山裡得到一塊璞玉。卞和捧著璞玉去奉獻給楚厲王，就是楚文王的爺爺。歷王命玉工查看，玉工說這只不過是一塊石頭。厲王大怒，以欺君之罪砍下卞和的左腳。厲王死，楚武王即位，即楚文王的父親。卞和再次捧著璞玉去見武王，武王又命玉工查看，玉工仍然說只是一塊石頭，卞和因此又失去了右腳。武王死，楚文王即位，卞和抱著璞玉在楚山下痛哭了三天三夜，哭乾了眼淚後，甚至哭出了血。文王得知後派人詢問為何，卞和說：我並不是哭我被砍去了雙腳，而是哭寶玉被當成了石頭，忠貞之人被當成了欺君之徒，無罪而受刑辱。還是楚文王慧眼識寶玉，命人予以打磨研琢，果然得到一塊稀世之玉。這就是傳諸後世的「和氏璧」。

西晉傅咸〈玉賦〉說：「當其潛光荊野，抱璞未理，眾視之以為石、獨見知於卞子。」李白在〈古風〉中留下這樣的詩句：「抱玉入楚國，見疑古所聞。良寶終見棄，徒勞三獻君。」世上並非無良玉，而是缺乏鑑別良玉的眼睛。楚國到了文王熊貲時代，由於文王的廣於納諫、禮賢下士，左右有鬭祈、屈重、鬭伯比、薳章、鬭廉、鬻拳等人輔佐，一時間眾星捧月，呈現興旺發達景象。

被稱之為「秀於外而慧於中」的息媯，前後伺候了息侯和文王兩任夫君，如此鮮明的對比，息媯難道分辨不出他們的成色，量不出兩人的份量？

我想，息媯與楚文王之間，一定是經歷了一場「先婚後愛」的過程。令人嘆息的是，正當息媯慶幸自己「良禽擇木而棲，良臣擇君而事」，找到一個稱意郎君之際，楚文王卻戰死沙場。據《左傳》記載：巴人伐楚，楚文王戰敗回都，城門守吏說，楚國自古無戰敗之君，不肯為其開。楚文王隨即率師再戰，大敗巴人。而楚文王在戰鬥中面頰中箭而死。

嗚呼哀哉！楚文王英年早逝，紅顏命薄，命運再次把息媯推到絕境。

洪亮吉在〈題息夫人廟〉一詩中，為息媯發出哀嘆：「空將妾貌比桃妍，石上桃花色可憐。何似望夫山上石，不回頭已一千年。」

## 四、息嬀矢志為楚文王守節

《左傳・莊公二十八年》記載：「楚令尹子元欲蠱文夫人，為館於其宮側，而振《萬》焉。夫人聞之，泣曰：『先君以是舞也，習戎備也。今令尹不尋諸仇讎，而於未亡人之側，不亦異乎！』御人以告子元。子元曰：『婦人不忘襲讎，我反忘之！』」

楚文王死後，成王尚幼。息嬀的美貌再次引人「想入非非」，於是出現輔佐顧命大臣欺侮寡婦幼君之事。楚國令尹子元想誘惑息嬀，讓人在她寢宮邊築高臺，演奏《萬》樂，息嬀聽到歌聲後悲傷地說：「先君時常訓練兵馬，出征諸侯。現在令尹不去報仇，不去完成先君未完成的遺願，反而在這裡聽歌。」

有人把這話告知子元聽，子元感概地說：「婦人都不忘世代的仇恨，我反而忘了！」

子元急於向息嬀邀功，率大軍攻打鄭國，鄭國求助齊國。管仲和鄭國的有識之士，洞悉子元欲取悅於息嬀的用心，輸不起戰爭，遂用「空城計」把子元震住。子元不敢冒進，班師回楚，急忙派兵先向息嬀表功，息嬀說：

「令尹大人，若打了勝仗，應該在太廟告知祖宗，由國家予以封賞，為何要告訴我一介婦人？」

在《春秋》、《左傳》中，記載了一個典型的守節夫人形象，她就是宋共姬（又稱宋伯姬）。宋共姬是魯宣公的女兒，魯成公九年嫁給了宋共公。結婚才七年，宋共公就死了，宋共姬只得幽居守節三十年，直到魯襄公三十年在一場大火中被燒死。宋共姬為何會被燒死？《左傳》有記載：「宋大火，宋共姬卒，待姆也。君子謂宋共姬女而不婦，女待人，婦義事也。」《穀梁傳》記述得更為詳細：「伯姬之舍失火，左右曰：『夫人少辟火乎？』伯姬曰：『婦人之義，傅母不在，宵不下堂。』左右又曰：『夫人少辟火乎？』伯姬曰：『婦人之義，保母不在，宵不下堂。』遂逮乎火而死。婦人以貞為行者也，伯姬之婦道盡矣。詳其事，賢伯姬也。」傅母、保母是正夫人的陪伴，也是她忠貞不渝、守持節操的證人。宋共姬因為篤守禮教中關於傅母、保母不在，婦人夜裡不下堂的規矩，寧肯活活被燒死。

這就是封建禮教的殺人，更為甚者，封建禮教對男女之間，做出更為嚴酷的規定：在行走的道路上，「男子由右，女子由左」；在飲食方面，「八年男女不同席」；在社會活動中，「男不言內，女不言外」；「非祭非喪，不相授器」，「男女授受

不親」，不允許男女之間有皮膚上的直接接觸，如果要交往物品，必須借助它物。男授物，「則女受以篚」。如果沒有筐子之類的器具，則一方需把東西放在地上，另一方才可取之。

《國語．魯語》中還有一段記載：「公父文伯之母朝哭穆伯而暮哭文伯。仲尼聞之曰：『季氏之婦可謂知禮矣，愛而無私，上下有章。』」這位夫人死了丈夫和兒子，於是只能是夜哭兒子、日哭夫。因為根據封建禮教規定，「寡婦不夜哭」。寡婦在夜裡莫名其妙地哭起來，會被人誤解是「嫌思人道」，「嫌於情色」。「人道」、「情色」都是情慾的代名詞，為了避嫌，公父文伯的母親只能是夜哭兒子日哭夫。

《國語．魯語》中還記載有這位夫人的一系列禮儀：季康子是魯國的執政卿大夫，是她的堂孫輩，有一次，她到季康子家時，在外朝遇到了季康子，季康子向她打招呼，她不理睬就走了。季康子追上去，到寢室門口又向她說話，她還是不理睬。季康子覺得奇怪，跟到內室，問：「我是不是哪裡得罪了你？」這位老夫人說：「你在朝外應當辦理魯國的事情，在朝內應當辦理季氏的事情，這都不是和婦人說話的地方，所以我不敢回答你。只有寢室之內才是我們說話的地方。」《禮記．內則》有言：「為宮室，辨外、內，男子居外，女子居內。」「內言不出，外言不入。」

## 四、息嬀矢志為楚文王守節

這位夫人正是嚴格遵循著這些繁文縟節。

這些禮教觀念同樣構成了息嬀的處世原則。

令尹子元的淫念三番五次地碰了釘子，不由得惱羞成怒。乾脆一不做二不休，軟的不行來硬的，直接帶幾百家丁住進楚王宮。「滄海橫流，方見英雄本色」，別看息嬀是「女流之輩」，卻是巾幗不讓鬚眉，她虛與委蛇運籌深宮，求助聯絡楚國貴族，終於在兒子楚成王的帶領下，一舉剷除了權勢薰天、想要謀反的令尹子元。

多少次生離死別的爭端，都起源於息嬀的美貌，美貌豈成紅顏罪？

息嬀擯棄外間一切誘惑，矢志為楚文王守節，悉心撫養二子，為楚國培養了一位叱吒風雲的英雄霸主。息嬀的幼子熊惲，便是後來大名鼎鼎的楚成王，楚成王在位四十六年勵精圖治，引領楚國稱雄中原，走上了強盛之路。也才有後來的楚莊王「問鼎周室」，成為春秋五霸之一。楚莊王是息嬀的重孫，成王兒子穆王，穆王的兒子就是莊王。家喻戶曉的成語「一鳴驚人」和「問鼎中原」的典故，都出自楚莊王。

「母以子貴」，息嬀成為春秋戰國時期一個名垂青史的女人。

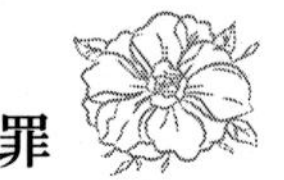

# 西施：紅顏命薄魂歸處

## 一、紅顏充計男兒恥

西施的故事，在中國幾乎可以說是家喻戶曉，有兩個我們極常使用的詞語，都與西施有關。

第一個是「情人眼裡出西施」。明代西湖漁隱主人在《歡喜冤家》第五回中有這樣的話語：「他眼也不轉看著元娘，越看越有趣，正是情人眼裡出西施。」曹雪芹的《紅樓夢》第七十九回，香菱也脫口而出此語：「一則是天緣，二則是『情人眼裡出西施』。」茅盾在〈戀愛與貞潔〉一文中也說：「中國有句成語『情人眼裡出西施』，這真是一句不朽的金言。」西施的美貌成為審美標準，情感顛覆了客觀判斷。

另一個是「東施效顰」。《莊子．天運》中記載「西施病心而顰其里」。「顰」就是蹙額，傳說西施有心臟病或胃潰瘍，發作時就會雙手捂胸，眉頭緊鎖。「其里之醜人見而美之」，東鄰有醜女，認為人們欣賞西施之美貌，乃是一種「病態美」，「弱不禁風」才引得人憐香惜玉，於是每每到人前也學著西施捂胸蹙額。結果適得其反，矯揉作態愈顯其醜，被人嘲笑為「東施效顰」。兩個詞殊途同歸，都是從不同角度言說西施之美貌。

古人說到女子之美，總用「沉魚落雁，閉月羞花」來形容。傳說西施在越國浦陽江邊浣紗，水中的魚看到她的驚豔容貌，自慚形陋而愧沉江底；傳說昭君出塞時，行進於漫無邊際荒漠之中，彈起哀怨的《出塞曲》，天邊飛過的大雁為曲調所感染，肝腸寸斷，紛紛墜落在地；傳說貂蟬在花園中拜月時，因其容顏照人，使皎月也黯然失色，被稱之為「閉月」；傳說楊玉環在花園中賞花時，用手撫花，霎時間花瓣收縮花葉垂下，猶如含羞草一般。於是後人用「沉魚落雁，閉月羞花」分指中國古代四大美女。唐詩人宋之問〈浣紗篇〉中有這樣的詩句：「鳥驚入松蘿，魚畏沉荷花。」描繪西施有「鳥驚魚沉」之貌。

然而，美貌未必會給人生帶來幸福，西施紅顏命薄的噩運，與越王句踐的春秋爭霸糾結在一起。

據《吳越春秋》記載：西元前四九四年，越王句踐與吳王夫差在夫椒（今江蘇省吳縣西南）決戰，越王句踐兵敗退守會稽山（今浙江省紹興南），在絕境中被迫向吳國求和。按照吳國的要求，句踐帶王后和大臣范蠡作為人質入吳服苦役：「越王服犢鼻，著樵頭夫人衣無緣之裳，施左關之襦。夫斫剉養馬，妻給水、除糞、灑掃。」句踐君臣三人為吳先王闔閭看墳，為夫差當馬伕，還要服侍夫差脫鞋、上廁所，受

盡嘲笑和屈辱。「吳王疾，三月不癒……請求問疾，得見，因求其糞而嘗之，觀其顏色，當拜賀焉，言其不死，以瘳起日期之既言信後，則大王何憂？」句踐甚至為了能贏得夫差的好感，不惜嘗糞便說吉言……終於使夫差放鬆了警惕，熬得三年苦役期滿，被釋放回越。

《吳越春秋》還記載：「越王念復吳仇非一旦也，苦身勞心，夜以接日。目臥，則攻之以蓼，足寒，則漬之以水。冬常抱冰，夏還握火。愁心苦志，懸膽於戶，出入嘗之，不絕於口。中夜潸泣，泣而復嘯。」「蓼」是一種非常苦的野草，蓼草鋪積即成「蓼薪」。

句踐回國後，時刻不忘在吳國所受的奇恥大辱，他睡於蓼草堆上，以免「高枕無憂」忘卻復仇；他懸膽於臥榻之上，每頓飯前都要「憶苦思甜」，於是後人有了「臥薪嘗膽」之成語。

《吳越春秋》在〈句踐陰謀外傳第九〉一章中，講述了西施的「粉墨登場」：

越王謂大夫種曰：「孤聞吳王淫而好色，惑亂沉湎，不領政事，因此而謀，可乎？」種曰：「可破。夫吳王淫而好色，宰嚭佞以曳心，往獻美女，其必受之。唯王選擇美女二人而進之。」越王曰：「善。」乃使相者國中得苧蘿山鬻薪之女，曰西施、鄭旦。飾以羅穀，教以容步，習於土城，臨於都巷。三年學服而獻於吳。乃使相國范蠡進曰：「越王句踐竊有二遺女，越國洿下困迫，不敢稽留，謹使臣蠡獻之。大王不以鄙陋寢容，願納以供箕帚之用。」吳王大悅，曰：「越貢二女，乃句踐之盡忠於吳之證也。」

西施作為歷史上記載最早的「色情間諜」，「受命於危難時節」：深入虎穴，「誘其戀酒迷花，去賢用佞」，「狐媚必能惑主」，為越國的復國雪恥贏得「十年生聚，十年教訓」的喘息時間，成就了越王句踐春秋戰國時期的一番霸業。

美人多嬌，引無數英雄競折腰。美貌也可以成為克敵致勝的武器。《孫子兵法》三十六計，其中一條就是「美人計」。越王句踐成功把「美人計」實踐於戰爭。

男兒稱霸爭雌雄，理應兵戎相見，運籌帷幄，決勝千里。孫子兵法三十六計，或者釜底抽薪、聲東擊西、趁火打劫、借刀殺人、穩操勝券；或者隔岸觀火、混水摸魚、順手牽羊、李代桃僵、作壁上觀、坐收漁翁之利；再或者調虎離山、拋磚引玉、借屍還魂、金蟬脫殼；即使強敵兵臨城下，也還可以硬著頭皮唱空城計；甚至

最不濟，也還有三十六計最後一計「走為上」打不贏就溜之大吉。決一雌雄之際，七尺男兒無奈之下卻以柔弱女子做武器，那也真正是到了黔驢「計」窮的地步。

紅顏充計男兒恥！

多愁善感血肉之軀的西施，變作利用色相任人驅使的「人肉砲彈」，由此也就注定了西施紅顏命薄的人生悲劇。

## 二、黃金只合鑄西施

西施姓施，名夷光，祖居苧蘿西村。在西施的家鄉苧蘿（今浙江諸暨），明代建有西施祠，祠前楹聯：「越錦何須衣義士，黃金祗合鑄嬌姿。」西施殿正殿兩側各有一座側殿，分別懸掛著「以身許國」和「忍辱負重」二塊匾額。這是故鄉父同鄉親對西施充滿深情厚意的「蓋棺定論」。

走出西施故里，碧波清澈的若耶溪潺潺流淌，這裡即為西施的浣紗處。一塊古樸蒼褐的巨型方石，上鐫王羲之手書「浣紗」兩個遒勁的大字，相傳當年西施與范蠡就是在此處，互贈信物訂下百年之好。

## 二、黃金只合鑄西施

梁辰魚在《浣紗記》一劇中，描述了西施與范蠡這段邂逅姻緣的情景：「范蠡遨遊，早風流倜儻」，「尋春行樂，遇西施浙水溪頭。姻緣定，將紗相贈，雙雙遂結綢繆」。西施的姿色讓范蠡傾倒，而范蠡的不俗談吐也讓西施動心，金風玉露一見鍾情。范蠡承諾：「少停旬月，即當奉遣冰人，啟告嚴親，萬勿他適。」

梁辰魚在《浣紗記》一劇中，描繪了西施的苦苦等待：「奴家自浣紗溪邊遇著那人之後，感其眷顧，贈彼溪紗。今經一月，再無信音，又不知是個閒游浪子，假作官僚。又不知果是個范蠡大夫，故來調哄。我今待要信他，只恐日遠日疎，終無著落，未必是眞。欲待要不信他，看他實意實心，言猶在耳，未必是假。」痴心女子負心漢，西施的「相思病」因此而起：「溪畔匆匆邂逅時，無端徹夜費相思。欲知一點心中病，只看纖纖兩道眉。」

然而，西施的三年苦苦等待，等到的卻是范蠡「有負淑女，更背舊盟」。三年後兩人重相見，范蠡已是身負君命，因文種之計向吳王夫差進貢美女，遍尋越國尚未可得。范蠡境界之高，「想國家事體重大，豈宜吝一婦人」，於是，公而捨私地將西施作為一份展現誠意的禮物，「敬已薦之主公，特遣山中迎取」。

梁辰魚在《浣紗記》第二十三齣〈迎施〉一折中，寫有范蠡勸說西施的一番對話：

〔生〕范蠡為君父有難，拘留異邦，有背深盟，實切惶愧。

〔旦〕尊官拘繫，賤妾盡知。但國家事極大，姻親事極小，豈為一女之微，有負萬姓之望。

〔生〕小娘子，我不知進退，有言奉聞。

〔旦〕但說不妨。

〔生〕我與小娘子本圖就諧二姓之歡，永期百年之好。豈料家亡國破，君繫臣囚，幸用鄙人淺謀，得放主公歸國。今吳王荒淫無度，戀酒迷花，主公欲構求美女，以逞其欲，尋遍國內，再無其人。我想起來，只有小娘子儀容絕世，偶爾稱揚。主公遂有訪求之心，小娘子尚無見許之意。故敢特造高居，奉詢可否，小娘子意下何如？

〔旦〕賤妾不過是田姑村婦，裙布釵荊，豈宜到楚館秦樓，珠歌翠舞。況當時既將身許，三年遂患心疼。尊官為國，伏望別訪他求。賤妾為身，恐難移彼易此。

〔生〕小娘子美意，我豈不知，但社稷廢興，全賴此舉。若能飄然一往，則國既可存，我身亦可保，後有會期，未可知也。若執而不行，則國將遂滅，我身亦旋亡，那時節雖結姻親，小娘子，我和你必同做溝渠之鬼。又何暇求百年之歡乎。

旦唱：【金落索】三年曾結盟，百歲圖歡慶。記得溪邊兩下親折證，聞君滯此身，在吳庭，害得心兒徹夜疼。溪紗一縷曾相訂，何事兒郎忒短情，我真薄命，天涯海角未曾經。那時節異國飄零，音信無憑，落在深深井。

生唱：【前腔】別來歲月更，兩下成孤另。我日夜關心，奈人遠天涯近，區區負此盟，愧平生。誰料頻年國勢傾，無端又害出多嬌病，羞殺我一事無成兩鬢星。今日特到貴宅呵，奉君王命，江東百姓全是賴卿卿。小娘子，你若肯去呵，二國之興廢存亡，更未可知。我兩人之再會重逢，亦未可曉。望伊家及早登程，不必留停，婚姻事皆前定。

從劇中我們讀到，在西施「以身許國」、「忍辱負重」的高風亮節背後，是斑竹一枝千滴血淚的愛情悲劇。

范蠡不愧長著三寸不爛之舌，在他「曉以大義」的說教下，西施無奈只能「勉強

應承」，違心地表白決心：「我裙釵女志頗堅，背鄉關殊可憐，蒙君王重託須黽勉。誓捐生報主心不變。」

南宋董潁在〈薄媚西子詞〉中寫道：「窣湘裙，搖漢佩，步步香風起。斂雙蛾，論時事，蘭心巧會君意。殊珍異寶，猶自朝臣未與。妾何人，被此隆恩，雖令效死，奉嚴旨。」描繪了西施「蘭心巧會君意」，心領神會了越國君臣的良苦用心，為報「隆恩」，「雖令效死」，甘願赴湯蹈火在所不辭。

元張可久在散曲〈懷古．雙調湘妃怨〉中寫道：「秋風遠塞皂雕旗，明月高臺金鳳杯。紅妝肯為蒼生計，女妖嬈能有幾？兩娥眉千古光輝，漢和番昭君去，越吞吳西子歸，戰馬空肥。」指出西子赴吳、昭君和番，都是「紅妝肯為蒼生計」，在愛國的感召下做出的自我犧牲。

宋代鄭獬在〈嘲范蠡〉一詩中寫道：「千重越甲夜城圍，戰罷君王醉不知。若論破吳功第一，黃金只合鑄西施。」

梁辰魚在《浣紗記》第三十五齣〈被擒〉中，這樣塑造了西施的巾幗英雄形象：「越王親率兕甲十萬直渡太湖」，殺得「白骨亂堆，血汗遊魂」，終於攻至姑蘇臺下。此時，西施忽然出現於城頭，猶如戰火中的一尊女神，她神態若定，號令群

將：「越國眾兵聽著。我就是越國西施。今作吳國夫人。傳示范、文二位大夫。吳國大王又不在此。不得驚嚇我。你暫且收兵回去。」

站在越國的角度，「國家有難，匹夫有責」，西施無疑是越國繼絕世興滅國的第一功臣。

## 三、愛國禍國一線天

《東周列國志》第七十九回〈棲會稽文種通宰嚭〉中，對吳王夫差作了這般描述：「夫差既葬其祖，立長子友為太子，使侍者十人更番立於庭中，每自己出入經由，必大聲呼其名而告曰：『夫差！爾忘越王殺爾之祖乎？』即泣而對曰：『唯，不敢忘！』欲以儆惕其心。」夫差也有過臥薪嘗膽、勵精圖治的輝煌過去。《東周列國志》第七十九回〈棲會稽文種通宰嚭〉中還描繪了夫差在吳越決戰時的身先士卒，「夫差立於船頭，親自秉桴擊鼓，以激勵將士，勇氣十倍」。吳王夫差也曾是春秋五霸之一的有為君王，但其「晚節不保」，終究栽倒在句踐的「美人計」下。

南朝梁任的《述異記》，描繪了當年夫差寵西施的情景：「吳王三年築姑蘇臺，

圍牆綿延五里，宮妓千人。又別立春宵宮，為長夜飲，造千石酒缸。又作大池，池中造青龍舟，日與西施為水戲。」

《東周列國志》第八十一回《美人計吳宮寵西施》中寫道：「山上有玩花池，玩月池，又有井，名吳王井，井泉清碧。西施或照泉而妝，夫差立於旁，親為理髮；又有洞名西施洞，夫差與西施同坐於此。洞外石有小陷，今俗名西施跡；又嘗與西施鳴琴於山巔，今有琴臺；又令人種香於香山，使西施與美人泛舟采香，今靈岩山南望，一水直如矢，俗名箭涇，即採香涇故處；又有採蓮涇，在郡城東南，吳王與西施採蓮處。又於城中開鑿大濠，自南直北，作錦帆以遊，號錦帆涇。又城南有長洲苑，為游獵之所；又有魚城養魚，鴨城畜鴨，雞陂畜雞，酒城造酒。又嘗與西施避暑於西洞庭之南灣，灣可十餘里，三面皆山，獨南面如門闕，吳王曰：『此地可以消夏。』因名消夏灣。」

吳王夫差為了討西施歡心，還在風景優美的靈岩山上為她建造了一座華麗的行宮，名館娃宮，供西施遊憩。館娃宮工程浩大，從水路運來的木頭，把山下的河流都填滿了，所謂「木積於瀆」，即指此事，現在蘇州的「木瀆鎮」之名，亦由此而來。吳王夫差算得個「不愛江山愛美人」的多情種子，對西施可說是「三千寵愛在一身」。

《東周列國志》第八十一回〈美人計吳宮寵西施〉中還寫道：「且說夫差寵幸西施，令王孫雄特建館娃宮於靈岩之上，銅溝玉檻，飾以珠玉，為美人遊息之所，建『響屧廊』。何為響屧，屧乃鞋名，鑿空廊下之地，將大甕鋪平，覆以厚板，令西施與宮人步屧繞之，錚錚有聲，故名響屧，今靈岩寺圓照塔前小斜廊，即其址也。」

西施因為腳大，在講究「三寸金蓮」的古代可是一個大缺陷。越國在「培訓」她時，為其設計了長裙遮掩，並配以高跟木屐。這樣一來，不但看不出腳大，還因為走路時左右搖擺，加之長裙飄飄，反而特別地突出了娉婷身材，翩翩風姿。由於西施特別擅長跳「響屧舞」，吳王夫差正是根據西施這一特點，別出心裁地在館娃宮建成「響屧廊」。王禹偁有〈響屧廊〉一詩，專寫此事：「廊桓空留響屧名，為因西子繞廊行。可憐伍相終屍諫，誰記當時曳屧聲？」

頭腦清醒的忠臣伍子胥看穿了越國的「美人計」，一再向吳王夫差勸告：「臣聞五音令人耳聾，五色令人目眩。故桀以妹喜滅，紂以妲己亡，幽王以褒姒死，獻公以驪姬敗。自古喪身亡國，未有不由婦人女子者。今越王進此女，正是要主公學這幾個昏君，切不可受他。」伍子胥三番五次勸夫差殺掉這個妖孽殃國的「紅顏禍水」。

然而，良藥苦口、忠言逆耳，伍子胥以歷朝歷代的昏君來比夫差的犯死諍諫，終於遭至殺身之禍。《東周列國志》第八十二回〈殺子胥夫差爭歃〉中記述了伍子胥的死：

> 夫差乃使人賜子胥以「屬鏤」之劍。子胥接劍在手，嘆曰：「王欲吾自裁也！」乃徒跣下階，立於中庭，仰天大呼曰：「天乎，天乎！昔先王不欲立汝，賴吾力爭，汝得嗣位。吾為汝破楚敗越，威加諸侯。今汝不用吾言，反賜我死！我今日死，明日越兵至，掘汝社稷矣。」乃謂家人曰：「吾死後，可抉吾之目，懸於東門，以觀越兵之入吳也！」言訖，自刎其喉而絕。使者取劍還報，述其臨終之囑。夫差往視其屍，數之曰：「胥，汝一死之後，尚何知哉？」乃自斷其頭，置於盤門城樓之上，取其屍，盛以鴟夷之器，使人載去，投於江中，謂曰：「日月炙汝骨，魚鱉食汝肉，汝骨變形灰，復何所見！」

《吳越春秋．夫差內傳》中，有與《東周列國志》類似的描述：「吳王乃取子胥屍，盛以鴟夷之器，投之於江中。」「鴟夷」本指夏商時青銅所製的鳥形盛酒容器。到了春秋戰國時期，多用皮革製成袋囊以盛酒，但仍稱之為「鴟夷」。清人黎士宏《仁

恕堂筆記》記載：「秦犨間人，割牛羊去其首，剜肉空中為皮袋，大者受一石，小者受二三斗，俗曰混沌，即古之鴟夷。」所謂「鴟夷」即是用一整張牛羊皮做的皮袋。伍子胥於自刎前留下遺言：「我死後一定要挖出我的雙眼，掛在吳都東門上，我要看著越人入都滅吳！」夫差聞之大怒，把伍子胥的屍體裝進「鴟夷」裡，投入江中，擊掌笑曰：「日月炙汝骨，魚鱉食汝肉，汝骨變形灰，這下你可就什麼都看不到啦！」

清代文人蔣士銓有詩道：「不重雄封重豔情，遺蹤猶自慕傾城；憐伊幾兩平生屧，踏破山河是此聲。」《吳越春秋》言：「吳國亡，西子被殺。」杜牧之亦有詩云：「西子下姑蘇，一舸逐鴟夷。」傳說吳王夫差自刎而死後，吳人把一腔怒火都發洩在西施身上，用錦緞將她層層裹住，也置於「鴟夷」之中，沉入揚子江心。以祭伍子胥忠魂。《東坡異物志》載：「揚子江有美人魚，又稱西施魚，一日數易其色，肉細味美，婦人食之，可增媚態，據云係西施沉江後幻化而成。」

南宋董穎寫有多首〈薄媚西子詞〉，其中多見這樣的詩句：「越王嫁禍獻西施，吳即中深機」；「破吳策，唯妖姬。有傾城妙麗，名稱西子。歲方笄，算夫差惑此，須致顛危」；「渺渺姑蘇，荒蕪鹿戲，從公論、合去妖類」。把吳亡的罪責歸結於西施，把她認為是「吳無赦汝」萬劫不復的「妖姬」、「妖類」。還寫道：「鸞存鳳去，辜負恩憐，情不似虞姬。」譴責西施不像《霸王別姬》中的虞姬，以身殉夫，辜負了吳王的君恩浩蕩。唐代李紳的〈姑蘇臺雜句〉一詩，寫下這樣的詩句：「西施醉舞花豔傾，妒月嬌娥恣妖惑。」斥西施之美貌為妖惑；白居易的〈霓裳羽衣歌〉寫下這樣的詩句：「君言此舞難得人，須是傾城可憐女。吳妖小玉飛作煙，越豔西施化為土。嬌花巧笑久寂寥，娃館苧蘿空處所。如君所言誠有是，君試從容聽我語。」在譴責楊貴妃紅顏禍國時，以西施作比。

紅顏禍水，狐媚亡國，成為封建士大夫的慣性思維。《孟子．離婁下》中有言：「西子蒙不潔，則人皆掩鼻而過之。」《賈誼．新書．勸學》曰：「夫以西施之美而蒙不潔，則過之者莫不睨而掩鼻。」把女子的「以身許國」認作是「蒙不潔」。這真是「橫看成嶺側成峰」，西施對越國來說是復仇興國的功臣，而對吳國而言卻成為禍國殃民的罪人。

唐代詩人崔道融〈逛西施灘〉云：「伯嚭亡吳國，西施陷惡名。浣紗春水急，似有不平聲。」晚唐詩人羅隱詩云：「家國興亡自有時，吳人何苦怨西施。西施若解傾吳國，越國亡來又是誰？」北宋政治家王安石也為西施鳴不平，他在詩中寫道：「但願君王誅宰嚭，不愁宮裡有西施。」魯迅曾對「女人亡國論」予以辛辣的諷刺，他說：「我一向不相信昭君出塞會安漢，木蘭從軍就可以保隋；也不相信妲己亡殷，西施亡吳，楊貴妃亂唐那些古老話。我以為在男權社會裡，女性是絕不會有這麼大的力量的，興亡的責任，都應該由男來負。但向來男性作者，大抵將敗亡的大罪，推在女性身上，這真是一錢不值的、沒有出息的男人。」

梁辰魚在《浣紗記》一劇的末尾，畫龍點睛道地出了自己創作的主題：「盡道梁郎識見無，反編句踐破姑蘇。大明今日歸一統，安問當年越與吳？」愛國與禍國之間，原本是意識形態一線天。

# 四、自古伴君如伴虎

西施名氣如此之大，在正史中卻不見蹤影。《左傳》、《國語》裡沒有西施的記載，一向秉筆直書的司馬遷在《史記．越王句踐世家》中，寫到了句踐與范蠡、文種君臣，在《史記．貨殖列傳》中還記述了「鳥盡弓藏，兔死狗烹」後范蠡的命運，但唯獨沒有關於西施的隻言片語。當然，這並不意味著西施其人不存在。在先秦諸子《莊子》、《孟子》、《荀子》、《韓非子》、《管子》等書中，多次出現西

施的名字，絕不會是「子虛烏有」的憑空捏造。

歷代史家都以言說一個「玷汙」的名字為恥，比如蘇東坡就「恥言商鞅」，認為「如蛆蠅糞穢也，言之則汙口舌，書之則汙簡牘」。講出這個人的名字都是髒了口舌、寫出這個人的名字則是汙了紙張。李白在〈西施〉一詩中有這樣的字句：「皓齒信難開，沉吟碧雲間。」西施在正史中被刻意遮蔽，是意味深長、耐人尋味的。

李白在〈西施〉中，還寫下這樣的詩句「句踐征絕豔，揚蛾入吳關」、「一破夫差國，千秋竟不還」。李白在詩句中隱含了自從破吳之後，西施失去了蹤影。李白在〈浣紗石〉一詩中，對西施的歸宿還感嘆地寫下：「西施越溪女，明豔光雲海。未入吳王宮殿時，浣紗古石今猶在。桃李新開映古查，菖蒲猶短出平沙。昔時紅粉照流水，今日青苔覆落花。君去西秦適東越，碧山青江幾超忽。若到天涯思故人，浣紗石上窺明月。」

南北朝時詩人庾信詩曰：「長思浣紗石，空想搗衣砧。」唐詩人宋之問詩曰：「西施舊石在，苔蘚日於滋。」女詩人魚玄機有〈西施廟〉詩云：「只今諸暨長江畔，空有青山號苧蘿。」

西施被吳人殺死只是諸種傳說中的一種說法。西施魂歸何處？成為歷史上的一大

謎案。王長安主編的《中國歷史名人懸案全破譯》一書，在〈西施香魂歸何處〉一節中，認為最早記載此事的是《墨子．親士》，評論西施因為美色而被沉於水中。而《太平御覽》摘錄了相關記載：吳亡後，越王把西施裝入皮袋中，沉入江底。如果真是這樣，句踐簡直禽獸不如了。而對吳國實行美人計，是句踐派西施去的，西施所做的亡吳活動，也是越國設計好的，吳國人恨西施可以理解，句踐這麼做是為什麼呢？西施已經背負禍國殃民的壞名聲了，難道害怕自己被她迷住，也荒廢朝政？還是害怕西施回國後，透露美人計隱情，招致吳國百姓更加痛恨越國，就殺人滅口？還是西施和范蠡的功勞太大，不加封賞，顯得忘恩負義；封賞又降低了自身臥薪嘗膽的光輝事跡，因此殺害功臣？不管怎麼說，越王句踐都被描繪成了勢利小人，這樣的人品也算不得霸主。

《墨子．親士》大概是最早關於西施的紀錄：「西施之沉，其美也。」《太平御覽》及東漢趙曄所撰《吳越春秋》，持相同的說法：「吳亡後，越浮西施於江，隨鴟夷以終。」明代楊慎《太史升庵全集》卷六十八〈范蠡西施〉也持大同小異的說法：「吳王敗，越浮西施於江，令隨鴟夷以終。」這裡的「浮」字也是「沉」的意思。在後人的詩歌裡，也多次提及了西施沉水的事，李商隱的〈景陽井〉詩云「腸斷吳王

宮外水，濁泥猶得葬西施」；皮日休〈館娃宮懷古〉詩「不知水葬歸何處，溪月灣灣欲效顰」。看來，西施被「水沉」是個較統一的說法，只是不是被吳國人沉於江，而是「越浮西施於江」，被自己的祖國越國殺害。

《東周列國志》第八十三回〈滅夫差越王稱霸〉中，也印證了這一說法：句踐班師回越，攜西施以歸。越夫人潛使人引出，負以大石，沉於江中，曰：「此亡國之物，留之何為？」梁辰魚在《浣紗記》一劇中，記載下句踐在千鈞一髮的危難時節，曾屈尊迂貴地向西施信誓旦旦：「念千年家國如懸磬，全賴伊平定。若還枯樹得重新，合國拜芳卿。」然而「子係中山狼，得志便猖狂」，一旦東山再起君位鞏固，馬上就變了另一副口氣：「尚望論功，榮歸故里。降令日：越與吳何異。吳正怨，越方疑……蛾眉宛轉，竟殞鮫綃，香骨委塵泥。」

零落成泥碾作塵，只有香如故。

《陶朱公范蠡歸湖》一劇，無情地譴責了越王無道，寫著這樣的唱詞「少不的又一場武王伐紂」。其實，對於一個出爾反爾的君王來說，此舉也無須大驚小怪。

范蠡是與句踐一起在吳國忍受三年屈辱的功臣。《東周列國志》第八十回〈夫差違諫釋越，句踐竭力事吳〉中，有這樣一段記載：

忽一日，夫差召句踐入見。句踐跪伏於前，范蠡立於後，夫差謂范蠡曰：「寡人聞：『哲婦不嫁破亡之家，名賢不官滅絕之國』，今句踐無道，國已將亡，子君臣並為奴僕，羈囚一室，豈不鄙乎？寡人欲赦子之罪，子能改過自新，棄越歸吳，寡人必當重用，去憂患而取富貴，子意何如？」

時越王伏地流涕，唯恐范蠡之從吳也。

只見范蠡稽首而對曰：「臣聞：『亡國之臣，不敢語政；敗軍之將，不敢語勇。』臣在越不忠不信，不能輔越王為善，致得罪於大王，幸大王不即加誅，得君臣相保，入備掃除，出給趨走，臣願足矣，尚敢望富貴哉？」

夫差曰：「子既不移其志，可仍歸石室。」

范蠡拒絕了吳王夫差榮華富貴的誘惑，堅守了對越王句踐的忠誠。然而，一旦時過境遷，句踐渡過了危難，立刻翻臉。《東周列國志》第八十三回〈滅夫差越王稱霸〉中，有這樣的記載：

越王還吳國，遣人築賀臺於會稽，以蓋昔日被棲之恥，置酒吳宮文臺之上，與群臣為樂。命樂工作《伐吳》之曲，樂師引琴而鼓之，其詞曰：「吾王

神武蓄兵威，欲誅無道當何時？大夫種蠡前致詞：吳殺忠臣伍子胥，今不伐吳又何須？良臣集謀迎天禧，一戰開疆千里餘。恢恢功業勒常彝，賞無所吝罰不違。君臣同樂酒盈卮。」臺上群臣大悅而笑。唯句踐面無喜色。范蠡私嘆曰：「越王不欲功歸臣下，疑忌之端已見矣！」

次日，入辭越王曰：「臣聞『主辱臣死』。向者，大王辱於會稽，臣所以不死者，欲隱忍成越之功也。今吳已滅矣，大王倘免臣會稽之誅，願乞骸骨，老於江湖。」越王惻然，泣下沾衣，言曰：「寡人賴子之力，以有今日，方思圖報，奈何棄寡人而去乎？留則與子共國，去則妻子為戮！」蠡曰：「臣則宜死，妻子何罪，死生唯王，臣不顧矣！」是夜，乘扁舟出齊女門，涉三江，入五湖，至今齊門外有地名蠡口，即范蠡涉三江之道也。

次日，越王使人召范蠡，蠡已行矣，越王愀然變色，謂文種曰：「蠡可追乎？」文種曰：「蠡有鬼神不測之機，不可追也。」

種既出，有人持書一封投之，種啟視，乃范蠡親筆，其書曰：子不記吳王之言乎？「狡兔死，走狗烹；敵國破，謀臣亡」。越王為人，長頸鳥喙，忍辱妒功，可與共患難，不可與共安樂。子今不去，禍必不免。文種看罷，欲召送

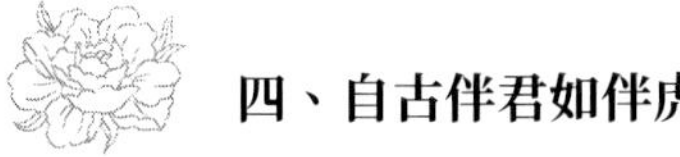


書之人，已不知何往矣。種快快不樂，然猶未深信其言，嘆曰：「少伯何慮之過乎？」

句踐不行滅吳之賞，無尺土寸地分授，與舊臣疏遠，相見益稀。計倪佯狂辭職，曳庸等亦多告老，文種心念范蠡之言，稱疾不朝。越王左右有不悅文種者，譖於王曰：「種自以功大賞薄，心懷怨望，故不朝耳。」越王素知文種之才能，以為滅吳之後，無所用之，恐其一旦為亂，無人可制，欲除之，又無其名。

再說越王忽一日往視文種之疾，種為病狀，強迎王入，王乃解劍而坐，謂曰：「寡人聞之，『志士不憂其身之死，而憂其道之不行』。子有七術，寡人行其三，而吳已破滅，尚有四術，安所用之？」種對曰：「臣不知所用也。」越王曰：「願以四術，為我謀吳之前人於地下可乎？」言畢，即升輿而去，遺下佩劍於座，種取視之，劍匣有「屬鏤」二字，即夫差賜子胥自刎之劍也。

種仰天嘆曰：「古人云：『大德不報』，吾不聽范少伯之言，乃為越王所戮，豈非愚哉？」復自笑曰：「百世而下，論者必以吾配子胥，亦復何恨？」遂伏劍而死。

肱股之臣左膀右臂的范蠡和文種尚且是如此命運，更何況已經失去利用價值的「半老徐娘」？

唐代詩人皮日休在〈娃宮懷古〉中，寫下一針見血的詩句：「越王大有堪羞處，只把西施賺得吳。」

## 五、一廂情願的鴛夢重溫

也許是人們不願看到如此美好的西施是這樣一個悽慘的結局，於是有了另一版本的美麗傳說。東漢袁康的《越絕書》如此記載：「吳亡後，西施復歸范蠡，同泛五湖而去。」蘇軾的〈水龍吟〉一詞裡也寫道：「五湖聞道，扁舟歸去，仍攜西子。」晏菲歌曲〈西施〉的唱詞：「歸來終究成眷屬，江湖泛舟雙雙棲。」這倒是符合炎黃子孫嚮往「大團圓」的欣賞趣味。

我在無錫蠡園還聽到這樣的傳奇故事：璃相傳是西元前四九三年范蠡督造王者之劍時所發現的（越王句踐劍，劍身處鐫刻有「越王句踐自作用劍」字樣。秦始皇為尋求此劍，曾虎丘下掘地三尺，形成現在之虎丘劍池）。范蠡以為這種物質是天地

陰陽造化所能達成的極致，於是將其隨劍一起敬獻給越王。越王感念鑄劍之功，原物賜還，還將這種神奇的物質命名為「蠡」。之後范蠡遍訪能工巧匠，將「蠡」打造成一件精美的首飾，作為定情之物送給了西施，相傳這就是世界上最早的琉璃。西施在事吳之前，離別時將「蠡」送還。傳說西施的眼淚滴在這「蠡」上，天地日月為之所動，至今還可以看見西施淚在其上流動，後人稱之為「流蠡」，今之「琉璃」正是這個名字的諧音。

讓才子佳人的西施與范蠡，「有情人終成眷屬」，確實代表著善良人們的美好願望。

梁辰魚在《浣紗記》一劇中，有這樣一個西施赴吳前與范蠡生離死別的鏡頭：

（生）：小娘子，向年所贈之紗，謹當奉還。

（旦）：若如此，是奚落賤妾，終背舊盟了。

（生）：說那裡話，要令小娘子時常省視，雖在朝歡暮樂之際，不忘故鄉恩義之情。倘得重逢，出此相玩，可作他年一故事耳。

（旦）：既然如此，我與相公各分一半。常恐此紗不在君處即相忘耳。（分紗介）前途相見甚難，就此拜別。

〔生〕：仰觀天象，越方興隆，吳將亡滅。勿用傷悲，不久就得團圓也。

〔旦〕：……背鄉關殊可憐……淚漣漣。天南地北，相見是何年。

在政治場上縱橫捭闔、遊刃有餘的范蠡，當然知道「百足之蟲，死而不僵」的道理，偌大的五霸之強吳，哪是說垮就垮的？此刻用「不久就得團圓也」這話來安頓西施，不是虛與委蛇就是言不由衷，只是為達到目的的誑語。

西施生為一鄉村女子，她只能抱著「三載已飛他國夢，一朝還作故鄉人」的幻想，期盼著煎熬個三年五年，就能與自己心儀的郎君范蠡鴛夢重溫。誰料此一去，天遠日久，竟是十七年。桃花易逝，紅顏易衰，誰人青春經得住十七年磨損？

元朝詩人楊鐵崖曾寫下西施與鄭旦兩位美女離鄉背井的淒楚場面：「樓船不須到蓬丘，西施鄭旦坐兩頭。道人臥舟吹鐵笛，仰看青天天倒流。」

梁辰魚《浣紗記》第三十齣〈採蓮〉中，表現了西施入吳後的思念故國親人的痛苦鬱悶心情：

【古歌二】葉嶼花潭一望平，吳歌越吹相思苦。相思苦，不可攀。江南採蓮今已暮，海上征夫猶未還。

《浣紗記》第三十四齣〈思憶〉中，進一步展示了西施深幽吳宮的心理活動：

稽山月，宛如昨，無奈被他身來縛，無奈被他情擔擱。可惜風流總閒卻，當初慢留溪上語，而今誤我樓頭約。夢闌時，酒醒後……歲月淹留，歸期未卜，一向不知我父母安否何如？不知范相公功業何如？又不知我國家興復事何如？正是漢皋仙去，環珮空留。浙水人遙，溪紗猶在。好傷感人也！

【雁魚錦】追思浣紗溪上游，笑無端邂逅求婚媾，輾轉料那人不虛謬。聽他親說與我緣由，料他們應不便干休。痴心認好逑，只道斷然的到底成佳偶，我未諳練的性兒況且年紀幼。

【二犯漁家傲】堪羞，歲月遲留，竟病心淒楚，整日見添憔瘦。停花滯柳，怎知道日漸成拖逗。問君早憐國被幽，問臣早他邦被囚，問城池早半荒丘。多掣肘，孤身遂爾漂流，姻親誰知掛兩頭。那壁廂認咱是個路途間霎時的閒相識，這壁廂認咱是個繡帳內百年的鸞鳳儔。

【二犯漁家燈】今投，異國仇讎，明知勉強也要親承受。乍掩鴛幃，疑臥虎帳，但帶鸞冠，如罩兜鍪。溪紗在手，那人何處？空鎖翠眉依舊。只為那三年故主親出醜，落得兩點春山不斷愁。

【喜漁燈】幾回暗裡做成機彀，一心要迎新送舊，專待等時候。又還愁，夜寒無魚，滿船月明空下鉤。贏得雲山萬迭家何在？況滿目敗荷衰柳。教我怎上危樓？他這裡窮兵北渡中原馬，何日得報怨南飛湖上舟。

【錦纏道】謾回首，這場功終須要收，但促急未能酬。笑還延羞睹織女牽牛，斷魂尋行春匹儔，飛夢繞浣紗溪口。俺這裡自追求，正是歸心一似錢塘水，終到西陵古渡頭。

尋尋覓覓，冷冷清清，淒淒慘慘戚戚，真可謂「痴心女子負心漢」，西施十七年含辛忍辱，等待來的又是怎樣一個范蠡？

其實，當年范蠡主動獻上西施，已經把其功利算計之心暴露無遺。

《東周列國志》第八十一回〈美人計吳宮寵西施〉記載了范蠡的精於算計：

> 句踐命范蠡各以百金聘之，服以綺羅之衣，乘以重帷之車，國人慕美人之名，爭欲識認，都出郊外迎候，道路為之壅塞。范蠡乃停西施、鄭旦於別館，傳諭：「欲見美人者，先輸金錢一文。」設櫃收錢，頃刻而滿。美人登朱樓，憑欄而立，自下望之，飄飄乎天仙之步虛矣。美人留郊外三

日，所得金錢無算，悉輦於府庫，以充國用。

西施從出場伊始，就是范蠡手中一個成就自己的「工具」。

《陶朱公范蠡歸湖》一劇中，寫有這樣的唱詞：

【得勝令】道童才你與我便輕撥轉釣魚舟，看了這霜降水痕收。一任教越國西施喚，再休想搬回壯士頭！

【梅花酒】西施，你如今歲數有，減盡風流，人老花羞，葉落歸秋。往常吃衣食在裙帶頭，今日你分破俺帝王憂。我可甚為國愁？失潑水再難收，我心去意難留，您有國再難投！俺輕撥轉釣魚舟，趁風波蕩中流。

范蠡的「輕撥轉釣魚舟」，顯然是他的「失潑水再難收，我心去意難留」。司馬遷在《史記．貨殖列傳》中稱「范蠡三遷皆有榮名」。《東周列國志》中也講述了范蠡的結局：「范蠡自五湖入海，忽一日，使人取妻子去，遂入齊，改名曰鴟夷子皮，仕齊為上卿。未幾，棄官隱於陶山，畜五牝，生息獲利千金，自號曰陶朱公，後人所傳《致富奇書》，云是陶朱公之遺術也。」在這些史書典籍中對范蠡的記載，都不見了西施的身影。

「把吳鉤看了，闌干拍遍」，「倩何人、喚取紅巾翠袖，搵英雄淚」。作為中國歷史上的紅顏美女是其不幸，我們從古典名著《金瓶梅》到幾年前熱播的古裝劇《甄嬛傳》，美麗被從女人身上剝離，成為為男人利用的一種工具。

西施錯看了范蠡，范蠡有負於西施。

「東邊日出西邊雨，道是無晴（情）卻有晴（情）。」

# 貂蟬：紅顏不幸成禮品

## 一、紅顏數度變臉

號稱沉魚落雁、閉月羞花的中國古典四大美女，西施、王昭君、楊玉環在史籍中都查有實人。儘管西施有些撲朔迷離，但在《墨子》、《管子》等先秦諸子文章中，都載有芳名。

但「貂蟬」聽來就不像是個名字，在司馬遷的《史記》、陳壽的《三國志》，范曄的《後漢書》等歷代史傳中，搜遍天涯尋芳草，卻是杳無蛛絲馬跡。唐代開元年間有一本占星學的書籍《開元占經》，在卷三十三中曾提到《漢書通志》中的一段記載：「曹操未得志，先誘董卓，進刁蟬，以惑其君。」此「刁蟬」是否就是彼「貂蟬」？《漢書通志》一書今已佚失，再無法予以確證。

貂蟬「閉月」之容顏，可能只是文人墨客向壁虛構的「水中月」。

正史典籍中的隻言片語，在小說戲曲、民間話本中，卻被演繹得有聲有色、活靈活現：羅貫中的《三國演義》、評書《三國志平話》、蔡東藩的《後漢演義》、元雜劇《錦雲堂暗定連環計》與《關大王月夜斬貂蟬》、明劇《關公與貂蟬》、粵劇《關公月下釋貂蟬》，以及如今依然熱播的各類三國戲，由於貂蟬的名字與三國時

期的王允、董卓、呂布、曹操、劉備、關羽諸多風雲人物糾葛在一起，方有了「天下誰人不識君」的知名度。

在元雜劇《錦雲堂暗定連環計》中，貂蟬對王允有一段自報家門的獨白：「您孩兒不是這裡人，是忻州木耳村人氏，任昂之女，小字紅昌。因漢靈帝刷選宮女，將您孩兒取入宮中，掌貂蟬冠來。因此喚做貂蟬。」

《後漢書．輿服下》及沈從文《中國古代服飾研究》一書介紹，「貂蟬」乃標誌官場序秩等級的一種冠冕：貂指貂尾，蟬指附蟬。在帽盔上掛貂尾，用白玉或金箔縫製成「附蟬」，表達了希望配戴者能像貂一樣聰明伶俐，能像蟬一樣品行高潔。古人認為蟬是一種「高潔」的象徵，故文學家、戲曲家們把作品主角「命名」為貂蟬，其本身就是士大夫官本位文化的潛意識反映。「本以高難飽，徒勞恨費聲」，「露重飛難進，風多響易沉」，「無人信高潔，誰為表予心」，名字成為貂蟬命運的符咒，一語成讖。

貂蟬的紅顏美貌，在兩千年的封建歷史中數度變臉：在王允的「連環美人計」中，始而許給呂布為小妾，繼之又獻給董卓為侍伎，「一女許了兩個婆家」，「奪妻之恨」演變為「殺父之仇」，貂蟬借呂布之手誅滅了奸臣董卓，成為「重扶社稷，再

立江山」的大漢功臣；「白門樓呂布殞命」後，作為呂布小妾的貂蟬又被曹操作為戰利品故技重演，始而送給劉備復又送給關羽，試圖挑撥情同手足的「桃園結義」兄弟鬩牆，終至出現關公「斬貂蟬」與「釋貂蟬」的兩種版本。貂蟬一下被讚譽為深明大義、萬死不辭的巾幗英雄，一下又被罵詬為避之唯恐不及的「紅顏禍水」。

後人在對《三國》人物的評價中說，呂布是「三姓家奴」，意思是說呂布為了一己私利，可以情斷義絕、反覆無常。認刺史丁建陽為父，說變就變；董卓略給甜頭，立刻弒父認賊，把董卓作了義父。說貂蟬，則是「人皆可夫」，是斥詬貂蟬初始一身事董卓、呂布二夫，繼之又周旋於劉備與關羽之間，跟誰都能上床。因此還衍生了一句民諺：「定襄沒好男，忻州沒好女。」因為呂布是「定襄中霍村人」，而貂蟬是「忻州木耳村人」，貂蟬與呂布兩人還是近鄰同鄉。貂蟬家鄉的父老鄉親對這句鄉諺善意地解釋為：因為有呂布和貂蟬之故，所以風水都讓兩人抽盡。從此，定襄再也生不出豪氣俊帥的男人，忻州再也生不出閉月羞花的女人，但我總覺得這句民諺是貶義的。

從貂蟬形像在兩千年封建歷史中的數度變臉，我們既感受到廟堂話語對民間話語的潛移默化，也感悟到草根文化對主流文化的離經叛道。

## 二、不幸而為王允「義女」

在《貂蟬外傳》中，對貂蟬的身世作了另類描述：

司徒王允外出踏青，在路邊看見一個五六歲、衣著襤褸的小女孩，趴在路旁舔草上的露水。她的頭上還長滿了黃疤癩瘡，臉上滿是鼻涕。王允來到小女孩的身旁，細問小女孩為何一個人在這荒郊野外。小女孩說，她不知道父母是誰，只知道她從小在蓮花庵長大，後來不知道是什麼原因，庵裡的師父們把她送出庵門，自此她就在野外流浪，餓了飲露，飽了睡覺。田坎地邊、斷壁殘牆下，就是她寄身的地方。她還說，她頭上的疤有時生，有時消，因而疤生了的時候，人們就說她難看；疤消了的時候，人們就說她是個漂亮的小女孩。

因為小女孩沒有父母，又像貂一樣生於郊野，加之她像蟬一樣飲露水生長，於是，王司徒為她取名貂蟬。

王司徒的夫人不孕，她見貂蟬氣質不俗，天真爛漫，對她愛如珍寶。為了把貂蟬培養成材，她在貂蟬六歲那年就請來樂師，訓練貂蟬歌舞。貂蟬一點即通，沒過多久，歌舞彈唱樣樣精通，再加上她端莊秀麗、美豔異常，不久就名震洛陽。

作為外史，「三千白雲任剪裁」，自然聽憑作者馳騁想像力的翅膀，它確實也與史實相去甚遠。《後漢書．王允傳》記載：「允時年五十六。長子侍中蓋、次子景、定及宗族十餘人皆見誅害。」可見當年王允「株連九族」時，不僅有孩子，而且還不止一個。也許是作者為了說明王允對貂蟬「視同己出」，為以後貂蟬的「獻身精神」作埋好伏筆。總之，貂蟬作為棄女，慶幸找到了一個好人家。然而，福兮之禍之所伏，貂蟬的不幸正是源起於她的幸運。

《三國演義》中貂蟬的自我介紹如下：「妾蒙大人恩養，訓習歌舞，優禮相待，妾雖粉身碎骨，莫報萬一。」由此可見，王允對貂蟬的「以親女待之」，而沒有因其美貌發展為「納為妾室」，是有「高瞻遠矚」，即所謂「粉脂作甲冑」的回報期待。

《後漢書．王允傳》載「世仕州郡為冠蓋」，王允出身官宦世家，「少好大節，有志於立功」。王允為官伊始，就不惜為追求正義而得罪權貴，為此曾二度入獄，甚至面臨過被斬首的險境。「時董卓尚留洛陽，朝政大小，悉委之於允。允矯情屈意，每相承附，卓亦推心，不生乖疑，故得扶持王室於危亂之中，臣主內外，莫不倚恃焉。允見卓禍毒方深，篡逆已兆，密與司隸校尉黃琬、尚書鄭公業等謀共誅之。」

東漢末年，外戚與閹宦之間的爭鬥愈演愈烈。據范曄《後漢書．董卓傳》載：「及帝（漢靈帝）崩，大將軍何進、司隸校尉袁紹謀誅閹宦，而太后不許，乃私呼卓將兵入朝，以脅太后。卓得召，即時就道。」漢靈帝劉宏在位時，董卓就是關中一霸。大將軍何進飲鴆止渴，引狼入室；董卓正欲染指中原，於是趁勢入主京都洛陽。董卓「子係中山狼，得志便猖狂」，據陳壽《三國志．董卓傳》載：「策免司空劉弘而卓代之，俄遷太尉，假節鉞虎賁。遂廢帝為弘農王。尋又殺王及何太后。立靈帝少子陳留王，是為獻帝。」董卓一朝權在手，即把令來行，不僅自封司空爵列三公，而且不日即晉升太尉，一手掌控軍政大權，自號為「尚父」，出入僭天子儀仗。《後漢書．董卓傳》載「宗族內外，並居列位。其子孫雖在髫齔，男皆封侯，女為邑君」。一人得道，雞犬升天。董卓封弟董旻為左將軍、鄠侯，侄董璜為侍中，總領禁軍。董氏宗族，不問長幼，人人封爵列侯。

范曄《後漢書．董卓傳》記載了董卓入朝後的專橫跋扈、濫殺大臣，以樹淫威：

「卓為相國，入朝不趨，劍履上殿。」

「卓施帳幔飲設，誘降北地反者數百人，於坐中殺之。先斷其舌，次斬手足，次鑿其眼目，以鑊煮之。未及得死，偃轉杯案間。會者戰慄，亡失匕箸，而卓飲食自

若。諸將有言語蹉跌，便戮於前。」

「卓乃使人誣衛尉張溫與袁術交通，遂笞溫於市，殺之。」

范曄《後漢書．董卓傳》上還記載了董卓目空一切的僭越行為：「乃結壘於長安城東以自居。又築塢於郿，高厚七丈，號曰『萬歲塢』。積穀為三十年儲。自云：『事成，雄據天下；不成，守此足以畢老。』」至此，董卓的篡漢圖謀已經是「司馬昭之心，路人皆知」了。

元雜劇《錦雲堂暗定連環計》描繪了在這一大歷史背景下大司徒王允的心理臺詞：

（正末扮王允上，云）老夫姓王名允，字子師，太原祁人也。自舉孝廉以來，謝聖恩可憐，加為大司徒之職。爭奈董卓弄權，將危漢室，群臣畏懼，莫敢誰何……慚愧老夫年邁無能，虛叨爵祿也呵。（唱）

【仙呂】【點絳唇】俺可也虛度春秋，強捱昏晝。空生受，肥馬輕裘，為甚事擔消瘦。

【混江龍】則為這漢家宇宙，好著俺兩條眉鎖廟廊愁。恰便似花開值雨，怎的個葉落歸秋。俺只問鴛鷺班中怎容的諸盜賊，麒麟閣上是畫的甚公侯。做官時都氣勃勃待超前，立功處早退怯怯甘居後。若得他一人定國，也不枉萬代名留。

按說，當時董卓的所作所為，已經是朝野共憤，人心向背要誅董卓也還不算太難。然而難是難在董卓有呂布這個義子助紂為虐，使得炙手可熱的董卓無疑是如虎添翼。《後漢書．呂布傳》記載：「卓以布為騎都尉，誓為父子，甚愛信之。稍遷至中郎將，封都亭候。卓自知凶恣，每懷猜畏，行止常以布自衛。」後人評說三國人物，嘗有「前三國第一好漢是呂布，後三國第一好漢為趙雲。」據《三國演義》第五回：「發矯詔諸鎮應曹公，破關兵三英戰呂布」中描繪，劉關張三兄弟是何等英武蓋世，在虎牢關前三人協力戰呂布，尚且只打了個平手沒分出勝負，現在「丁香舌吐銜鋼劍，要斬奸邪亂國臣」，剷除董卓，呂布就成為一道不可踰越的障礙。

羅貫中在《三國演義》裡有詩云：「司徒妙算託紅裙，不用干戈不用兵。三戰虎牢徒費力，凱歌卻奏鳳儀亭。」辛棄疾有詞云：「燕雀豈知鴻鵠，貂蟬元出兜鍪。」滄海橫流，時勢召喚，貂蟬「閃亮登場」。

羅貫中在《三國演義》中有詩贊曰：「不負司徒託，鋤奸救漢祚。」羅貫中恪守其正統的忠奸史學觀，為了刻意塑造「匡扶漢祚」的忠臣王允形象，編造了貂蟬這麼個子虛烏有的美女作為渲染陪襯。

事後細想，就在王允實施其「連環美人計」，把貂蟬「一女事二夫」之際，已經注定了貂蟬一生的悲劇命運。

## 三、獻給呂布的小妾

《三國演義》中，王允是把貂蟬作為一件禮品送給呂布：「吾欲將此女送與將軍為妾，還肯納否？」王允為了實施其「連環美人計」在家設宴，預備了佳餚美饌。貂蟬是酒宴高潮中推出的一道大菜。貂蟬應計而行，「送酒與布。兩下眉來眼去」，「布欣喜無限，頻以目視貂蟬。貂蟬亦以秋波送情」。呂布聞聽王允之語，自然是大喜過望，馬上「出席謝曰：『若得如此，布當效犬馬之報！』」被羅貫中描繪成「匹夫之勇」的呂布，竟然是如此容易就中計。

范曄所著《後漢書．呂布傳》中有這段史實的記載：

嘗小失卓意，卓拔手戟擲之。布拳捷得免，而改容顧謝，卓意亦解。布由是陰怨於卓。卓又使布守中閤，而私與傅婢情通，益不自安。因往見司徒王允，自陳卓幾見殺之狀。時允與尚書僕射士孫瑞密謀誅卓，因以告布，使為內應。布曰：「如父子何？」曰：「君自姓呂，本非骨肉。今憂死不暇，何謂父子？擲戟之時，豈有父子情也？」布遂許之。

史書上一句「私與傅婢情通」，「晴空一鶴排雲上，便引詩情到碧霄」，激發起羅貫中的無限想像，於是「傅婢」搖身一變，成為《三國演義》中的貂蟬。

羅貫中筆下的「王司徒巧使連環計」，其實與他設計的諸葛亮的「空城計」一樣，經不住推敲，讓人疑竇叢生。呂布已經擔了一次「弒父」之天下大不諱，好容易有了董卓這個大靠山，豈會因了一個女子，即便她「貌若天仙」，會再一次冒「弒父」的風險和罪名？以呂布之英武，難道天下美女都死絕了嗎？

自有文人妙筆生花自圓其說。

元代無名氏的《錦雲堂美女連環計》一劇中，貂蟬向王允這樣坦言了與呂布的關係：

因漢靈帝刷選宮女，將您孩兒取入宮中。靈帝將您孩兒賜與丁建陽，當日呂布為丁建陽養子，丁建陽卻將您孩兒配與呂布為妻。後來黃巾賊作亂，俺夫妻二人陣上失散，不知呂布去向。您孩兒幸得落在老爺府中，如親女一般看待，真個重生再養之恩，無能圖報。昨日與奶奶在看街樓上，見一行步從擺著頭踏過來，那赤兔馬上可正是呂布。您孩兒因此上燒香禱告，要得夫婦團圓……

王允在劇中唱道「呂布人中多俊雅，貂蟬世上最妖妍」，許下了「說甚麼單絲不線，我著你缺月再圓」。正是因了呂布與貂蟬的這層關係，使得董卓的橫刀奪愛變成了「棒打鴛鴦」。

《錦雲堂美女連環計》中，當王允把貂蟬又貢獻給董卓當侍伎時，這樣回答呂布的怒責：

（正末云）溫侯不知，昨日我請太師飲酒，提你這樁親事，太師十分大喜，道喚媳婦出來，我看看咱。老夫不合喚出貂蟬，拜了太師四拜。誰想這老賊看見貂蟬顏色，起了那一點禽獸的肚腸。今日車兒來到府門首，他就撥著許

多女使，將貂蟬邀下車兒，擁入後堂去了。溫侯也，枉了你是一個大丈夫，與妻子做不的個主，要你何用？那裡有做公公的將媳婦兒強納為妾？呸！兀的不羞殺我也。

（呂布云）若是老宰輔不說，我怎生得知？這老匹夫原來行這等不仁的勾當，兀的不氣我殺也。

（正末唱）【耍孩兒】覷你個呂溫侯本是英雄將，則這條方天戟有誰人抵當。也曾虎牢關外把姓名揚，唬的眾諸侯膽落魂亡。你本是扶持社稷擎天柱，平定乾坤架海梁。你有仁義他無辭讓，怎將那連雲相府，生扭做行雨高唐？

（呂布云）董卓老匹夫，好無禮也。我呂布與貂蟬，本是綰角兒夫妻。那老匹夫既認呂布為義子，豈有這等家法？

（正末云）可知道沒有這等家法。（唱）

【二煞】他斂黃金盡四方，怕沒紅顏滿洞房？怎麼禽獸般做的能淫蕩。你當初把離愁泣訴華筵畔，到今日將密愛輕分半壁廂。還顧甚多恩養，便不想臣能報國，也索要夫與妻綱。

如此一來，呂布的「弒父之罪」就詮釋為緣起於董卓的「奪妻之仇」。

然而，智者千慮，難免一失。這樣的邏輯推斷又顧此失彼，出現更大的一個漏洞。既然當年，漢靈帝將貂蟬賜與丁建陽，丁建陽又將貂蟬配給自己的義子呂布為妻。按王允連環美人計的邏輯，如此大恩，呂布為什麼還會殺了丁建陽投靠董卓？

無須為古人擔憂，為戲文掉淚。從小說和戲曲的行文和唱詞中，我們更多感悟到的是，貂蟬紅顏命薄，從一露面就是一個被人賜來贈去、送進送出的禮品。

## 四、貢給董卓的「侍伎」

《三國演義》中，羅貫中這樣講述了王允如何在董卓身上實施「連環美人計」：

過了數日，允在朝堂，見了董卓，趁呂布不在側，伏地拜請曰：「允欲屈太師車騎，到草舍赴宴，未審鈞意若何？」卓曰：「司徒見招，即當趨赴。」允曰：「教坊之樂，不足供奉；偶有家伎，敢使承應。」卓曰：「甚妙。」允教放下簾櫳，笙簧繚繞，簇捧貂蟬舞於簾外。

舞罷，卓命近前。貂蟬轉入簾內，深深再拜。卓見貂蟬顏色美麗，便問：「此女何人？」允曰：「歌伎貂蟬也。」卓曰：「能唱否？」允命貂蟬執檀板

低謳一曲。

卓稱賞不已。允命貂蟬把盞。卓擎杯問曰：「青春幾何？」貂蟬曰：「賤妾年方二八。」卓笑曰：「真神仙中人也！」允起曰：「允欲將此女獻上太師，未審肯容納否？」卓曰：「如此見惠，何以報德？」允曰：「此女得侍太師，其福不淺。」

王允一個姑娘許了兩個婆家。

貂蟬面對「恩重如山」的義父王允，始而把她許給呂布作妻，繼之又把她送給董卓陪睡，貂蟬除了「萬死不辭」之外，難道還有別的選擇？

實際上貂蟬的命運還真是「生不如死」。據《三國志．董卓傳》載：「暴卓屍於市。卓素肥，膏流浸地，草為之丹。守屍吏暝以為大炷，置卓臍中以為燈，光明達旦，如是積日。」董卓之肥胖，在被誅殺後暴屍於街市，人們在他的肚臍中插入麥稈點燈，竟然能「光明達旦，如是積日」。你想想，讓一個二八妙齡的青春少女，去陪這樣一個腦滿腸肥的奸賊睡覺，是一件何等折磨痛苦的事情？元雜劇《錦雲堂暗定連環計》中，當王允把貂蟬獻給董卓時，這樣開導她：「兒也，你休顧那胖董卓一

時春點汙，博一個救帝主萬代姓名香。」貂蟬也深明大義地回答說：「理會的。欲教青史留遺跡，敢惜紅顏別事人。」

王允的連環美人計實施過程中，也曾出現波折，幾乎功虧一簣。董卓權衡輕重，為了挽回與呂布日漸緊張的關係，聽從了謀臣李儒的主意，曾打算把貂蟬贈回：

董卓曰：「我今將汝賜與呂布，何如？」貂蟬大驚，哭曰：「妾身已事貴人，今忽欲下賜家奴，妾寧死不辱！」遂掣壁間寶劍欲自刎。卓慌奪劍擁抱曰：「吾戲汝！」貂蟬倒於卓懷，掩面大哭曰：「此必李儒之計也！儒與布交厚，故設此計；卻不顧惜太師體面與賤妾性命。妾當生噬其肉！」卓曰：「吾安忍舍汝耶？」蟬曰：「雖蒙太師憐愛，但恐此處不宜久居，必被呂布所害。」

卓曰：「吾明日和你歸郿塢去，同受快樂，慎勿憂疑。」蟬方收淚拜謝。

次日，李儒入見曰：「今日良辰，可將貂蟬送與呂布。」卓曰：「布與我有父子之分，不便賜與。我只不究其罪。汝傳我意，以好言慰之可也。」儒曰：「太師不可為婦人所惑。」卓變色曰：「汝之妻肯與呂布否？貂蟬之事，再勿多言；言則必斬！」李儒出，仰天嘆曰：「吾等皆死於婦人之手矣！」

## 四、貢給董卓的「侍伎」

貂蟬的精彩表演，終使王允的連環美人計有驚無險地大功告成。

著名史學家蔡東藩對貂蟬給予極高的評價：「司徒王允累謀無成，乃遣一無拳無勇之貂蟬，以聲色為戈矛，反能致元兇之死命，紅粉英雄真可畏哉。」並說：「庸詎知為一身計，則道在守貞，為一國計，則道在通變，普天下之忠臣義士，猛將勇夫不能除一董卓，而貂蟬獨能除之，此豈尚得以迂拘之見，蔑視彼姝乎？」

羅貫中在〈王司徒巧使連環計，董太師大鬧鳳儀亭〉、〈除暴凶呂布助司徒，犯長安李傕聽賈詡〉等回目，濃墨重彩地描繪了貂蟬助王允「功成名就」後，只是輕描淡寫地一句「呂布至郿塢，先取了貂蟬」，從此再無下文，可見貂蟬已經完成了「歷史使命」，再不值浪費筆墨。電視劇《三國演義》的插曲，即命名為「貂蟬已隨清風去」，無限感概地吟詠道：「……辜負了錦繡年華，錯過了荳蔻青春。為報答司徒大義深恩，拚捨這如花似玉身。」

貂蟬「不負司徒託，鋤奸救漢祚」的壯舉，到了「鳥盡弓藏，兔死狗烹」的終局。古代兵書《六韜》，相傳為周文王時姜望所著，該書卷二〈武韜〉的第十二節〈文伐〉，寫有這樣的文字：「養其亂臣以迷之，進美女淫聲以惑之。」又進而發展為《孫子兵法》中之「美人計」。此計我們在古代故事中屢見不鮮：有施部落戰敗後，向夏桀進獻美女妺喜；蘇部落戰敗，向商紂進獻美女妲己；越王句踐戰敗，向吳王夫差進獻美女西施等等。美女成為「反敗為勝」的武器，既然作為武器，自然爭端化解後就要「馬放南山，刀槍入庫」。

紅顏不幸，以聲色為戈矛，身上背負著「原罪」！

## 五、贈予關羽的戰利品

文學家一旦創造出一個形象，他（她）就活在了讀者的心裡。人們會窮根究底，關心人物的命運，追問人物的結局。於是，對於貂蟬命運的歸宿，也就有了之後的「畫蛇添足」或更準確地說叫「狗尾續貂」。

《三國志．關羽傳》注引《蜀記》曰：「曹公與劉備圍呂布於下邳，關羽啟公，布使秦宜祿行求救，乞娶其妻，公許之。臨破，又屢啟於公。公疑其有異色，先遣迎看，因自留之，羽心不自安。」史籍中的這段記載，又把貂蟬與關羽扯在了一起。圍攻呂布時，關羽與曹操約定，攻破下邳城，他要娶呂布部將秦宜祿之妻為妾。因了關羽的數次催問，曹操疑能打動關聖心的一定是絕色容顏。抓獲呂布後，「先遣迎看」先睹為快，一看果然容顏絕色，於是「自留之」。相同內容還見於《獻帝傳》和《華陽國志》。《獻帝傳》載：「（秦宜祿）為呂布使詣袁術，術妻以漢室宗女。其前妻杜氏留下邳。布之被圍，關羽屢請於太祖（曹操），求以杜氏為妻，太祖疑其有色，及城陷，太祖見之，乃自納之。」明確指出秦宜祿之妻為「杜氏」，可見這一情節應是歷史真相。只不過在其後的演繹中，張冠李戴移花接木，秦宜祿之妻成為呂布之妾，「杜氏」也變成貂蟬。

今人讀到這段史實，與印象中不近女色、坐懷不亂的關聖形象「面目皆非」，一時情感上難以接受。其實，這對漢末的倫理道德而言不足為怪。

《三國演義》中的類似描述屢見不鮮：第三十三回〈曹丕乘亂納甄氏〉，曹軍攻破鄴城，曹丕首先闖入袁府，把袁紹二兒子袁熙的妻室甄氏據為己有。此女即傳說中與曹植上演生死戀的〈洛神賦〉女主角甄宓。《三國志．文昭甄皇后傳》記載：「文帝納后於鄴，有寵，生明帝及東鄉公主。」曹丕不僅對袁熙之妻寵愛有加，還封后生子。此外，劉備平定益州後，也娶了同宗劉瑁的寡婦吳氏；孫權不僅僅娶了陸尚的寡妻徐夫人，而且論親緣關係，這徐夫人還是他的表侄女。

然而此後，隨著歷代統治者對關羽的尊崇和加封，這段史實就成為關羽身上的

「汙點」。明代有個名叫鄭以偉的人讀到這條史載，憤然寫了一首〈舟中讀華陽國志〉詩：「百萬軍中刺將時，不如一劍斬妖姬。何緣更戀俘來婦，陳壽常璩志總私。」作者把一肚子怨氣都發洩到史官身上，說陳壽和常璩在史書中提及關羽這件不甚光彩的事，是因為對關羽有偏見私怨。

中華書局的《四庫備要本・三國志・蜀志》開卷，有清乾隆皇帝的一道上諭：「關帝在當時，力扶炎漢，志節凜然。乃史書所謚，並非嘉名。陳壽於蜀漢有嫌，所撰《三國志》，多有私見，遂不為之論定，豈得謂公……」

眾口鑠金，為維護關聖形象，就認定「何緣更戀俘來婦」，恨不能把貂蟬「不如一劍斬妖姬」。

維護封建道統的無聊文人墨客認為，貂蟬雖然為大義獻身，但一身事董卓呂布二人，終究是「汙點女人」，於是編製出《關公月下斬貂蟬》一劇。《關公月下斬貂蟬》雜劇問世後，雖在元、明兩代舞台上久演不衰，然而劇本已經失傳，難以知道詳情。但透過清代戲曲舞台上流行的《斬貂》這齣戲的劇情，我們不難窺見元、明雜劇「斬貂」的大致輪廓。

## 五、贈予關羽的戰利品

清代刊行的戲選集《綴白裘》中，有短劇《斬貂》，戲中關羽有言：「我想權臣篡位，即董卓父子；妖女喪夫，即貂蟬也。」因此而提劍斥之「罵一聲貂蟬女無義不良」，道一聲「俺關公今夜裡斬了她萬世名揚」。明代王世貞曾作〈見有演關候斬貂蟬傳奇者，感而有述詩〉，詩中寫貂蟬「一朝事勢異，改服媚其仇。心心託漢壽，語語厭瘟候。」不料關大爺聞言大怒，「忿激義鶻拳，眥裂丹鳳眼」，最終使貂蟬「孤魂殘舞衣，腥血漸吳鉤」。

「關公月下斬貂蟬」有細節描寫：關公平時都瞇著眼睛，什麼時候睜眼，就是要殺人了。這天是中秋佳節，關公步入後花園，見月光之下「貂蟬亭亭玉立，嬌而不邪，豔而不妖，有如弱柳迎風，芙蓉著雨」。此情此景，頓使關公心軟，失去了揮刀的殺機。躊躇中轉心一想，貂蟬的影子，連我都能動心，更何況大哥劉備怎能抵得住誘惑？為了杜絕後患，他還是得橫下心來。關公拿起青龍偃月刀，看著樹影中顫動的貂蟬影子，閉目轉頭過去；不料一不經心，那青龍偃月刀失手掉了下去，恰好落到貂蟬的影子上。說來也怪，一旁的貂蟬便應聲倒下，立即身首異處了。據說，這就是貂蟬「露中生，影裡死」的由來。

關公揮刀斬貂蟬，快刀斬亂麻，似乎割斷了說不清道不明的情絲豔遇，然而卻是顧此失、彼弄巧成拙。你武聖盡可以過五關斬六將，但對一個有功於漢室的弱女子手起刀落，又算得是哪門子好漢？

武樗癭所編《三國劇論》中，在〈論斬貂蟬〉一文寫道：

……若關公者，熟讀《春秋》者也。西子奉句踐命，志在沼吳，與貂蟬奉司徒命，志在死卓、布父子，同一轍也。關公不責西施，而乃月下斬貂蟬。余敢謂關公聖人，必不為此殺風景事。」（周劍雲主編《菊部叢刊》）。李調元《劇話》卷下引《升庵外集》語：「元人有關《關公斬貂蟬》劇，事尤悠謬。」清代毛宗崗言：「最恨今人訛傳『關公斬貂蟬』之事。」並認為：「貂蟬無可斬之罪，而有可嘉之績。」

於是，又有文人墨客來為關聖人「塗脂抹粉」，編製出《關公月下釋貂蟬》一劇：曹操打敗呂布後，依謀士計策，要把貂蟬賜給關公，意在迷惑關公鬥志，並離間他與劉備、張飛兄弟關係。不料關公不貪美色，拒絕接納。曹操便下令處死貂蟬。貂蟬聞言，傷心哭啼，擾得關公心煩，訓斥貂蟬道：「你先跟董卓，後嫁呂布，一女二嫁，醜事作盡，還哭什麼？」貂蟬說：「關將軍，那不是妾身的罪過，是王恩公設連環計求妾嫁他二人為國除害。妾捨清白之身以成大義，今反成罪人要被處死，想來怎不令人痛心？」關公無言以對，惻隱之心蒙生，問貂蟬可有逃生寄身之處？貂蟬自言舉目無親，若得逃生，但願隱居山林，削髮為尼。關公當即取些銀兩衣物交給她，令其速速逃去。貂蟬說：「將軍仗義救我，可我柔弱女子，怎逃得出這軍營城池？」關公略作沉思，決心一不做二不休，救人救到底，遂集合一隊騎兵，讓身穿軍衣的貂蟬混在其中，親自帶隊出城，直送到前山淨慈庵，把貂蟬安頓好，這才調轉馬頭返回城中。

新編川劇《貂蟬之死》更是對貂蟬的結局進行了人性化處理：劉備、關羽、張飛隨曹操攻呂布，曹操水淹下邳。貂蟬為救滿城百姓，遣秦宜祿送書於素所傾慕的關公，請關公稟告曹操以民為重，立即退水。關公原以為貂蟬有貌無德，今得知她憂國憂民，頓生愛慕之情。數日後，秦宜祿與侯成、宋憲縛呂布而降。曹操縊殺呂布後，為籠絡關公，將貂蟬賜給他。成婚之夜，貂蟬柔情脈脈，為關公即興而歌《傾心曲》，關公亦心曠神怡。劉備恐關公迷戀貂蟬，為曹操所用，遂以送禮為名，提醒關公勿忘「扶漢興劉」。關公為忠於桃園結義之情，建功立業，欲遣走貂蟬。貂蟬剛剛慶幸終生有託，突遭此變，深感絕望，在向關公痛訴衷腸後拔劍自刎。

無論是刻意塑造也好，無稽之談也罷，作者筆下的故事情節設置和人物命運安排，無不反映著創作者的潛意識。

## 六、赤兔馬的象徵意味

《三國志．呂布傳》中記載：「布有良馬曰赤兔。」引批注：「曹瞞傳曰：時人語曰：『人中有呂布，馬中有赤兔。』」由此可見，呂布的座騎是當時的第一寶馬「赤兔」。

呂布在白門樓被曹操俘獲殺死後，赤兔馬就歸了曹操。關羽在徐州「龍困淺水，虎落平陽」，曹操為收買關羽為己驅使，「上馬金，下馬銀，三日一小宴，五日一大宴」，然而，關羽仍是「身在曹營心在漢」。曹操最後令人牽出赤兔馬贈予關羽，才博得關羽「向曹操施以大禮」。

為什麼這麼巧合？赤兔馬與貂蟬的命運軌跡竟然如此吻合，始而屬於呂布，最終歸宿關羽。

另外，赤兔馬的壽命也長得出奇：當初呂布初得赤兔的那一年是西元一九〇年；

等到關羽敗走麥城之際，已經是西元二二一年了。就算當初董卓賞給呂布的是一匹剛出生的小馬駒，到關羽死，赤兔也有三十一歲了。而從動物學角度上講，一般馬的壽命只有三十至四十歲，難道大手筆的羅貫中連這點常識也疏忽了？

再一點，貂蟬的名字是否就隱含在赤兔馬中？貂蟬的真名叫任紅昌，有一個紅字；而最終殞命於月影之下，又似乎與月中玉兔存有某種關聯。

再看赤兔馬的終局：關羽敗走麥城，被東吳殺害。赤兔馬被吳將馬忠得到獻於孫權，孫權又作為獎勵把赤兔馬賜予馬忠。然而，赤兔馬不為馬忠所用，仰天長嘶，不食草料，絕食而亡。赤兔馬不為呂布而死，卻自願為關羽殉難。

我並無意對赤兔馬作更為詳盡的考證，只是從中驀然意識到一個象徵：女子者，不過是男人胯下可以任意更換的一駕坐騎。然而，「卑賤」如馬，尚懂得怎樣才是死得其所，即使被視為任人驅遣的「坐騎」，也有一顆忠烈之心！

赤兔馬成為貂蟬的象徵：紅顏不幸成禮品。

# 王昭君：大漠青塚紅顏怨

## 一、昭君墓前悲喜劇

位於內蒙古呼和浩特南郊九公里大黑河畔，聳立著中國古代四大美女之一、出塞和親的昭君墓。王昭君究竟是死於哪年，葬於何處？史籍中沒有明確記載。相傳王昭君死後，匈奴人感念於王昭君給他們帶來的福祉，從四面八方用袍襟攜來黃土，含著熱淚「壘土成臺」夯築而成。王昭君無法「葉落歸根」，她葬在了生前「獻身」的地方。「青山處處埋忠骨，何必馬革裹屍還。」一九五四年，在內蒙古包頭市召灣的漢代匈奴墓葬中，發掘出土的「單于和親」、「千秋萬歲」、「長樂未央」等陶片和瓦當殘片，說明昭君出塞當年，在漢朝和匈奴都是一件影響很大的歷史事件。

昭君墓體狀如懸冠，高達三十三公尺，墓頂建有一六角攢尖蘭亭，墓前有平台及階梯與墓頂相連，與中原地區漢代帝王陵墓的形制頗多相似之處，透露著漢文化對游牧民族的「潛移默化」。昭君墓經歷了兩千餘年歲月風雨的剝蝕，仍然聳立於歷史遺址。蒙古語稱之「特木爾烏爾虎」，意為「鐵壘」。

唐代史學家杜佑所著《通典》卷一七九〈州郡〉，最早記載了昭君墓築在單于府所轄境內的金河縣，今人考證即今天的呼和浩特昭君墓。宋人樂史的《太平寰字記》中對昭君墓也有記敘，說墓上黛色朦朧，「若潑濃墨」，所以人們稱之為「青塚」。「青塚」一詞可能出自杜詩的注解：「北地草皆白，唯獨昭君墓上草青如茵，故名青塚。」每到深秋時節，四野草木枯黃，唯有昭君墓嫩黃黛綠，因此歷代留下「誰家青塚年年青」、「到今塚上青草多」、「宿草青青沒斷碑」之類的詩句。在清代文人張文瑞和錢良鐸的遊記中，對昭君墓還有更為詳細記敘：墓前有石虎、石馬、石獅、石幢，墓頂有小方亭，亭內有佛畫、細布及豆麥，還有成堆琉璃瓦……但經過長期的戰亂，如今只剩下孤單墓體和幾尊石碑。

一九七〇年代末重新修葺昭君墓，占地面積達三點三公頃，成為內蒙古的重要旅遊景點。二〇〇六年深秋，山西作家協會組織「草原遊」，我隨同觀瞻了昭君墓。走到墓前，首先映入眼簾的是一座高三點九五公尺、重五噸的呼韓邪單于與王昭君闕氏並轡而行的大型銅鑄雕像；再往北行，聳立著一塊高大石碑，石碑上用蒙漢兩文鐫刻著詩作〈謁昭君墓〉：「昭君自有千秋在，胡漢和親識見高。詞客各抒胸臆懣，舞文弄墨總徒勞。」石碑後方兩側，七塊各代石碑依次排列。墓前院內設東西兩個陳列廳，陳列著從民間收回的與昭君出塞有關的歷史文物，陳列廳內還有一尊漢白玉昭君雕像。

昭君出塞促進了農耕文化與游牧文化的交融。至今，呼和浩特和包頭一帶還流傳著有關王昭君的美麗傳說：昭君原是天上的仙女，受玉皇大帝派遣，下凡來平息漢人與匈奴的干戈。匈奴呼韓邪單于從漠北來迎昭君，北出塞外來到黑水邊，只見朔風怒號，漫天風雪，飛沙走石。昭君下馬彈起她心愛的琵琶。頓時風停雪止，彩霞橫空，萬物復甦，陰山變綠，黑水澄清，還飛來百靈、布穀、喜鵲，在昭君和單于的馬隊頭頂上啼叫。單于高興極了，決定在這裡定居。後來，昭君和單于走遍了陰山山麓和大漠南北，昭君走到哪裡，哪裡就水草豐美，人畜兩旺。昭君有個錦囊，她從裡面取出幾粒種子，撒在地上，塞外就有了莊稼；從裡面取出金剪刀，將羊皮剪成犁、車，塞外就有了鐵犁和木車。許多年以後的一天夜裡，地上閃過一片紅光，接著一聲巨響；第二天清晨，人們發現黑水河邊的平原上出現了一座小土山，山頂飄著五彩浮雲。人們說，昭君完成玉帝的使命，回天上去了，而她的人就埋在土山裡，這小土山就是今天的昭君墓。

昭君出塞的故事在歷代文人的「生花妙筆」下，交響為頌歌大合唱。漢代焦延壽在〈昭君守國〉二首「昭君守國，諸夏蒙德」、「交和結好，昭君是福」中，對昭君出塞給予高度評價；白居易在〈賦得聽邊鴻〉中，也寫有這樣的詩句：「驚風吹

起塞鴻群，半拂平沙半入雲。為問昭君月下聽，何如蘇武雪中聞？」把王昭君的和親與蘇武的出使守節相提並論。在王昭君青塚上，還刻下這樣的祭辭：「一身歸朔漠，數代靖兵戎；若以功名論，幾與衛霍同。」更是把昭君和親的功績與征戰匈奴立下赫赫戰功的衛青、霍去病媲美。並出現這樣的詩句：「和親果使邊烽消，鹿閣何人許共論。」把昭君的和親提高到一個無與倫比的地步。

著名歷史學家翦伯贊在〈內蒙訪古〉一文中寫道：「在大青山腳下，只有一個古蹟是永遠不會廢棄的，那就是被稱為青塚的昭君墓。因為在內蒙人民的心中，王昭君已經不是一個人物，而是一個象徵，一個民族團結的象徵。昭君墓也不是一個墳墓，而是一座民族友好的歷史紀念塔。」

翦伯贊的話道出了一個時代的主流話語，在一種意識形態觀念的影響下，王昭君的歷史形象發生了變化。一九二三年，郭沫若創作了話劇《王昭君》，把她塑造成一個反對封建禮教、追求個性解放的叛逆女性；近現代以來，史學界、文學界圍繞昭君出塞的歷史真相，和昭君藝術形象問題展開了長期的爭論和研究。正是在這一背景下，曹禺的新編歷史劇《王昭君》應運而生。一九七八年十月，曹禺在把劇本交付北京人民藝術劇院。曹禺把王昭君塑造成一個深明大義、捨身報國完成「胡漢

一家」偉業的民族英雄。

於是，昭君出塞的一幕歷史悲劇，奏響為一曲民族和睦的愛國主義凱歌；人為設計的皆大歡喜結局，掩飾了悲悲戚悽慘慘的歷史真相。

## 二、皇帝詔曰：安土重遷，黎民之性；骨肉相附，人情所願

史籍中關於王昭君的記載，在《漢書》中一筆帶過。《漢書．元帝紀》記載：「王昭君，西漢南昭秭歸（今湖北宜昌市興山縣）人，名嬙。」詔曰「賜單于待詔掖庭王嬙為閼氏」；《漢書．匈奴傳》載「元帝以後宮良家子王嬙字昭君賜單于」等。直至《後漢書．南匈奴傳》，才有了較為詳細的記載：「昭君字嬙，南郡人也。初，元帝時，以良家子選入掖庭。時呼韓邪來朝，帝敕以宮女五人賜之。昭君入宮數歲，不得見御，積悲怨，乃請掖庭令求行。呼韓邪臨辭大會，帝召五女以示之。昭君豐容靚飾，光明漢宮，顧景徘徊，竦動左右。帝見大驚，意欲留之，而難於失信，遂與匈奴。」東漢蔡邕所著《琴操》，其中也有這樣記述：「……積五六年，昭

君心有怨曠，偽不飾形容。元帝每歷後宮，疏略不過其處。後單于遣使者朝賀，元帝陳設倡樂，乃令後宮妝出。昭君曠恚日久，乃便修飾，善妝盛服，光輝而出，俱列坐……帝大驚，悔之，良久太息曰：『朕已誤矣！』遂以與之。」

從史籍的記載可以看出，昭君出塞乃是因為「入宮數歲，不得見御，積悲怨，乃請掖庭令求行」。及至王昭君隨呼韓邪單于行前未央宮辭駕，王昭君的「豐容靚飾，光明漢宮，顧景徘徊，竦動左右」，才使得漢元帝「大驚」、「悔之」，「意欲留之，而難於失信，遂與匈奴」。如此陰差陽錯、鬼使神差，演繹出了王昭君出塞的悲劇故事。

漢後的三國二晉時期，那個富可敵國的西晉石崇寫過〈王明君辭〉，王明君即王昭君，因避司馬昭之名諱，改稱王明君。〈王明君辭〉中有這樣的詞句：「昔為匣中玉，今為糞上英。」英者，花也，這大概是歷史上第一次比喻「鮮花插在牛糞上」。石崇還寫道「殊類非所安，雖貴非為榮」，認為昭君雖然貴為閼氏（匈奴單于正宮娘娘），但背井離鄉讓一個弱女子去適應異域風俗，實在是匈奴恃強逼婚的結果。

昭君出塞和親的故事，東漢之後，幾乎每個朝代都有詠嘆昭君的文學作品出現，僅詩歌就有六百多首，戲曲也有二十多種。比較重要的有東漢末託名王昭君自作的

〈怨曠思唯歌〉，西晉年間石崇作的〈王明君辭〉，以及相傳為葛洪所編《西京雜記》裡的〈王嬙〉等等；唐、宋時同類題材的詩篇就更多；而明以後的昭君戲，尚有陳與郊的《昭君出塞》，無名氏的《和戎記》、《青塚記》；清代有薛旦的《昭君夢》，尤侗的《弔琵琶》，周文泉的《琵琶語》等。歷史上的王昭君雖只有一個，但她的藝術形象卻是千姿百態。後代的作家往往借用歷史題材反映現實生活，表達同時代人的思想情感。

託王昭君名所作〈怨曠思唯歌〉，此詩載於《琴操》，詩中突出表現了王昭君囚禁深宮之苦和對父母家鄉的思念：「離宮絕曠，身體摧藏。志念抑沉，不得頡頏。雖得委食，心有徊徨。」「翩翩之燕，遠集西羌，高山峨峨，河水泱泱，父兮母兮，道里悠長。嗚呼哀哉，憂心惻傷。」

白居易在〈同諸客嘲雪中馬上妓〉一詩中，以「馬上妓」為比，揣測昭君出塞的心境：「珊瑚鞭軃馬踟躕，引手低蛾索一盂。腰為逆風成弱柳，面因沖冷作凝酥。銀篦穩篸烏羅帽，花襜宜乘叱撥駒。雪裡君看何所似，王昭君妹寫真圖。」吟誦著昭君出塞之苦。

秦觀〈王昭君〉一詩：「漢宮選女適單于，明妃斂袂登氈車。玉容寂寞花無主，顧影低回泣路隅。行行漸入陰山路，目送征鴻入雲去。獨抱琵琶恨更深，漢宮不見空回顧。」

我們在唐詩宋詞中對塞外的描繪，領略了那塊異域的「窮山惡水」。杜甫的〈兵車行〉：「君不見青海頭，古來白骨無人收。新鬼煩怨舊鬼哭，天陰雨濕聲啾啾。」范仲淹〈漁家傲〉、〈蘇幕遮〉等詞中也寫道「黯鄉魂，追旅思，夜夜除非，好夢留人睡」、「酒入愁腸，化作相思淚」、「濁酒一杯家萬里，燕然未勒歸無計」。

岑參的〈走馬川〉一詩，更是讓人了解了塞外的惡劣生存環境：「君不見，走馬川行雪海邊，平沙茫茫黃入天。輪臺九月風夜吼，一川碎石大如斗，隨風滿地石亂走」；「金山西見煙塵飛，風頭如刀面如割」；「馬毛帶血汗氣蒸，五花連錢旋作冰，幕中草檄硯水凝……」岑參在〈白雪歌送武判官歸京〉一詩中，還寫下這樣的詩句：「北風捲地白草折，胡天八月即飛雪。」

昭君出塞之際，中原大地正是花團錦簇的陽春三月，而塞外猶是寒風凜冽「乍暖還寒」的冰凍季節，真個是「馬後桃花馬前雪，教人如何不回頭」。我無意考證王昭君出塞路線，是「過黃河，出雁門」，走雁門關；還是「一上玉關道，天涯去不歸」，走玉門關；抑或是北出朔方（今鄂爾多斯市杭錦旗），過五原（今內蒙古

包頭市），走「秦直道」，反正一路是滿目淒楚，黯然神傷。加之語言相異無法交流，王昭君更增添了無限孤獨感，只能藉琵琶傳達內心的哀怨，「目送歸鴻，手揮五弦」、「彈看飛鴻勸胡酒」。傳說「昭君出塞」時，行進於漫無邊際荒漠之中，彈起哀怨的《出塞曲》，天邊飛過的大雁為曲調所感染，肝腸寸斷，紛紛墜落在地。正是對王昭君此情此景的描述，構成了古典四大美人的「沉魚落雁」、「閉月羞花」。

王昭君終於在漫漫長路中病倒了，只得暫時停止前進，養病期間，她想起了父母兄弟，也想到了曾和她纏綿三天三夜的大漢皇帝，於是挑燈披衣，流淚和墨，寫信給漢元帝：「臣妾有幸得備禁鑾，謂身依日月，死有餘芳，而失意丹青，遠適異域。誠得捐軀報主，何敢自憐？唯惜國家黜陟，移於賤工，南望漢闕，徒增愴絕耳。」

昭君出塞，原本是一幅蒼涼淒婉的畫面。《唐書．樂志》中題為〈昭君〉的「漢曲」寫有這樣的話語：「漢人憐其遠嫁，為作此歌。」《漢書．元帝紀》中明確寫有漢元帝詔曰：「安土重遷，黎民之性；骨肉相附，人情所願也。」作為農耕文化漢民族心理，向來認為「走一地不如守一地」，嚮往的太平盛世是「安居樂業」，把離鄉背井視為人生一大悲劇。

我們在吟詠王昭君的詩詞中，大量的都是「憐其遠嫁」，哀其「魂遊異鄉」。白居易〈青塚〉：「上有飢鷹號，下有枯蓬走。茫茫邊雪裡，一掬沙培塿。傳是昭君墓，埋閉蛾眉久。凝脂化為泥，鉛黛復何有。唯有陰怨氣，時生墳左右。鬱鬱如苦霧，不隨骨銷朽……不見青塚上，行人為澆酒。」李白〈王昭君〉：「漢月還從東海出，明妃西嫁無來日；燕支常寒雪作花，蛾眉憔悴沒胡沙；生乏黃金枉圖畫，死留青塚使人嗟。」宋陳傑〈昭君墓〉：「千古和戎恨，塚青今尚聞。漢朝三尺草，埋沒幾昭君。」宋蔣吉〈昭君塚〉：「曾為漢帝眼中人，今作狂胡陌上塵。身死不知多少載，塚花猶帶洛陽春。」

從這些字字血、聲聲淚的唐詩宋詞中，何曾見王昭君的「青塚」是什麼「紀念碑」，分明是一段血淚史的無聲控訴。

## 三、白紙黑字，眾口鑠金，毛延壽上了歷史的黑名單

歷朝歷代的文人士大夫對於王昭君悲劇的造成，在無以寬解的心理下，主觀臆斷出一個罪魁禍首——畫工毛延壽，因為他索賄不成，在畫像時醜化了王昭君的形象，而致使帝王久未召幸，絕代美人「寂寞開無主」、「冷月照離宮」。

在王昭君的出塞悲劇裡，是否毛延壽真做了「偷梁換柱」的手腳？正史中並無記載。後世之所以有此傳說，大概源於東晉葛洪筆記小說《西京雜記》：「元帝后宮既多，不得常見，乃使畫工圖形，按圖召幸之。諸宮人皆賂畫工，多至十萬，少者亦不減五萬，獨王嬙不肯，遂不得見。匈奴入朝，求美人為閼氏，於是上按圖以昭君行。及去召見，貌為後宮第一，善應對，舉止嫻雅。帝悔之，而名籍已定，帝重信於外國，故不復更人。乃窮案其事，畫工皆棄市，籍其家資皆巨萬。畫工有杜陵毛延壽，為人形，醜好老少必得其真。安陵陳敞，新豐劉白、襲寬，並工為牛馬飛鳥眾勢，人形好醜，不逮延壽。下杜陽望亦善畫，尤善布色，樊育亦善布色，同日棄市，京師畫工於是差稀。」作為筆記小說，把史實中兩個可能風馬牛不相及的細節，嫁接到了一起。此後，唐代吳兢的《樂府古題要解》、張時起的《昭君出塞》以及吳呂齡《夜月走昭君》等作品，也都沿襲了這一說法。

被讚譽為中國古典十大悲劇之一的馬致遠元雜劇《漢宮秋》，則把漢元帝與王昭君的情感寫得綿纏緋惻，而造成帝王最後也經歷一場「生離死別」的悲劇根源，也是源於畫師毛延壽。以至最後創作了一個王昭君「為報君恩」竟然以身殉情。《漢宮秋》的終幕是這樣的結局：

（番王引部落擁昭君上，云）今日漢朝不棄舊盟，將王昭君與俺番家和親。我將昭君封為寧胡閼氏，坐我正宮。兩國息兵，多少是好。眾將士，傳下號令，大眾起行，望北而去。（做行科）

（旦問云）這裡甚地面了？

（番使云）這是黑江，番漢交界去處。南邊屬漢家，北邊屬我番國。

（旦云）大王，借一杯酒望南澆奠，辭了漢家，長行去罷。（做奠酒科，云）漢朝皇帝，妾身今生已矣，尚待來生也。（做跳江科）

（番王驚救不及，嘆科，云）嗨！可惜，可惜！昭君不肯入番，投江而死。罷罷罷，就葬在此江邊，號為青塚者。我想來，人也死了，枉與漢朝結下這般仇隙，都是毛延壽那廝搬弄出來的。把都兒，將毛延壽拿下，解送漢朝處治，我依舊與漢朝結和，永為甥舅，卻不是好？

（詩云）則為他丹青畫誤了昭君，背漢主暗地私奔；將美人圖又來哄我，要索取出塞和親。豈知道投江而死，空落的一見消魂。似這等奸邪逆賊，留著他終是禍根；不如送他去漢朝哈喇，依還的甥舅禮，兩國長存。

白紙黑字，眾口鑠金，毛延壽上了歷史的黑名單。

## 四、不用牽心恨畫工，帝家無策及邊戍

漢元帝把與王昭君「失之交臂」的懊喪心理，一古腦兒轉化為對畫工毛延壽的憤怒。後人有詩評說：「曾聞漢主斬畫師，何由畫師定妍媸？宮中多少如花女，不嫁單于君不知。」

歷代帝王不僅「普天之下，莫非王土；率土之濱，莫非王臣」，普天之下的美女，也是任其「閱盡人間春色」。所謂「三宮六院七十二妃」，僅是一個虛數。據《禮記》記載：「古者天子後立六宮，三夫人、九嬪、二十七世婦、八十一御妻」，這是早期周朝的後宮，人數已經是成百上千。到西漢年間，以律條定下「選美」制度，每年八月都由朝廷派出內官，藉檢查戶口的機會，在全國各地選擇「秀女」以充後宮：「閱視良家童女年十三以上，二十以下，姿色端麗，合法相者，載還後宮，擇視可否，乃用御登。」此時，后妃制度開始確立，皇帝的正妻稱皇后，正妻之外還有夫人、美人、良人、八子、七子、長使、少使，漢武帝時又增加婕妤、婧娥、傛華、充依，到漢元帝時又加昭儀之號，共十四個等級，人數近萬。

白居易〈上陽白髮人〉一詩，就描繪了終老深宮的「後宮佳麗三千人」的悲慘命

運「入時十六今六十」、「一生遂向空房宿」、「宿空房，秋夜長，夜長無寐天不明。耿耿殘燈背壁影，蕭蕭暗雨打窗聲」、「春日遲，日遲獨坐天難暮。宮鶯百囀愁厭聞，梁燕雙棲老休妒。鶯歸燕去長悄然，春往秋來不記年」，昔日「臉似芙蓉胸似玉」，而今哀悲「上陽白髮歌」！

〈上陽白髮人〉是白居易創作的一首政治諷喻詩。此詩透過描寫一位上陽宮女長達四十餘年的幽禁遭遇，對封建帝王強制徵選民間女子以滿足自己淫慾的罪惡行徑提出強烈的控訴。白居易在結尾處寫下「君不見昔時呂向〈美人賦〉」，並自作詮注，言明創作意圖：「天寶末，有密採豔色者，當時號花鳥使，呂向獻《美人賦》以諷之。」

杜牧在〈阿房宮賦〉中，也有對後宮裡嬪妃的描繪：「一肌一容，盡態盡妍，縵立遠視，而望幸焉。有不得見者，三十六年。」

一入長門掖庭，簡直就是投進一座無期徒刑的監獄，一座活人殉情的墳墓。

曹勛的〈王昭君〉一詩，對君王的臨幸嬪妃提出質疑：「好惡由來各在人，況憑圖像覓天真。君王視聽能無壅，延壽何知敢妄陳。」還有這樣的詩句也表達了類似觀點：「何乃明妃命，獨懸畫工手。丹青一詿誤，白黑相紛糾。」「禍福安可知，美顏

不如醜。何言一時事，可戒千年後。」

還是王安石眼光獨到，鶴立雞群，道出了真知灼見：「尚得君王不自持，歸來卻怪丹青手。」「入眼平生幾曾有，當時枉殺毛延壽。」「君不見咫尺長門閉阿嬌」「漢恩自淺胡自深，人生樂在相知心。」……王安石離經叛道，矛頭直指封建君王的詩句，引發後世很多非議。范沖曾對宋高宗說，安石此詩「壞天下人心術」（見蔡上翔《王荊公年譜考略》卷七），宋朱弁則借一太學生之口罵道：「若如此詩用意，則李陵偷生異域不為犯名教。」（《風月堂詩話》卷下）宋羅大經認為此詩「悖理傷道甚矣」（《鶴林玉露》乙編卷二）。有人甚至說：「靖康之禍，釀自熙寧，王、秦兩相，實遙應焉，此詩為之讖矣。」（清周容《春酒堂詩話》）

《漢書．元帝紀》中，即便出於史家一貫的「為尊者諱」、「為長者諱」，對文藝作品中描繪成「多情種子」的漢元帝，也留下了這樣的「曲筆」：「贊曰：臣外祖兄弟為元帝侍中，語臣曰：元帝多材藝，善史書。鼓琴瑟，吹洞簫，自度曲，被歌聲，分刌節度，窮極幼眇。少而好儒，及即位，徵用儒生，委之以政，貢、薛、韋、匡迭為宰相。而上牽制文義，優遊不斷，孝宣之業衰焉。」書中一句「牽制文義，優遊不斷，孝宣之業衰焉」，一語道破真相。

王吉祥在《秦漢興替》一書中，這樣描述了漢元帝：

> 他專信兩個宦官，一個是中書令弘恭，一個是僕射石顯，使得他們蟠踞宮廷，盜弄政柄。
>
> 前將軍蕭望之上書請求中書勿用宦官，對外戚也要加以限制。元帝竟然讓弘恭、石顯去查訊曾經做過自己師傅的蕭望之……弘恭、石顯當即報復，說蕭望之私結朋黨，譭謗貴戚，專擅權勢，為臣不忠，應交廷尉查辦。元帝答了一個「可」字，弘恭、石顯立即傳旨，飭拿蕭望之下獄。後元帝得知，大驚道：「何人敢將我的師傅拘繫獄中？」弘恭、石顯慌忙跪答道：「臣等曾蒙陛下准奏，方敢遵行。」元帝說：「你們只說交廷尉查辦，並未說及下獄。速令出獄視事便了！」弘恭、石顯同聲應命，起身趨出以後，互相耳語道：「陛下年將及壯，尚不懂交廷尉的語意，真乃……」說著，兩人匆匆跑到大司馬史高的府中，幾人祕密商議一番，定出一個辦法。史高上朝，見到元帝后陳奏說：
>
> 「陛下剛剛即位，恩德尚未文布，便將師傅蕭望之下了獄。如果他無罪而釋放出去，仍讓他擔任原職，那不就顯得陛下做事粗魯了嗎？這反倒會招來眾人的議論。臣意還是將他免官，這才不至於讓人說陛下出爾反爾！」元帝一

聽，木然地愣住了，嘴巴微微張著，把門牙都露了出來，呆了好一陣，才漫然答道：「『大司馬所言有理！』接著下詔使蕭望之出獄，免為庶人。」

漢元帝諸如此類出爾反爾、瞻前顧後、「優遊不斷」之事，在史籍中也確實屢見不鮮。而王昭君面對的就是這樣一個昏君庸君。

還有一種奇談怪論，說昭君之出塞，毛延壽不僅不是罪人，甚至是千古功臣。說王昭君入宮後，宮廷畫工毛延壽見她美麗異常，怕漢元帝召見後沉溺於美色不能自拔，於是故意將王昭君畫醜，不讓她有見到漢元帝的機會，這樣王昭君便一直被冷落在後宮中。直到呼韓邪單于請求和親的時候，毛延壽為免除後患，便向元帝推薦將王昭君遠嫁匈奴，一來可以徹底將王昭君與漢元帝分開，二來可以安撫匈奴的情緒，免除兩國之間的戰爭，王昭君就這樣嫁給了呼韓邪單于。明代江陰士子題〈昭君詞〉就這樣寫道：「驪山舉火因褒姒，蜀道蒙塵為太真。能使明妃嫁胡虜，畫工應是漢功臣。」這簡直就是胡扯的「紅顏禍水」之變種。

馬致遠的元雜劇《漢宮秋》中，對漢元帝的無奈撒手王昭君有這樣的描述：

奏的我主得知：如今北番呼韓單于差一使臣前來，說毛延壽將美人圖獻與

他，索要昭君娘娘和番，以息刀兵；不然，他大勢南侵，江山不可保矣。

駕云：我養軍千日，用軍一時。空有滿朝文武，哪一個與我退得番兵！都是些畏刀避箭的，恁不去出力，怎生叫娘娘和番？

唱【牧羊關】：興廢從來有，干戈不肯休。可不食君祿，命懸君口。太平時，賣你宰相功勞，有事處，把俺佳人遞流。你們乾請了皇家俸，著甚的分破帝王憂？那壁廂鎖樹的怕彎著手，這壁廂攀欄的怕攧破了頭。

《尚書》云：他外國說陛下寵王嬙，朝綱盡廢，壞了國家。若不與他，與兵弔伐。臣想紂王只為寵妲己，國破身亡，是其鑑也。

駕唱【賀新郎】：俺又不曾徹青霄高蓋摘星樓；不說他伊尹扶湯，則說那武王伐紂。有一朝身到黃泉後，若和他留侯留侯廝遘，你可也羞那不羞？您臥重裀，食列鼎，乘肥馬，衣輕裘。您須見舞春風嫩柳宮腰瘦，怎下的教她環珮影搖青塚月，琵琶聲斷黑江秋！

清楊恩壽《詞餘叢話》批注《漢宮秋》曰：「明人演作傳奇，敘昭君上馬之頃，文武跪送，昭君顧而長嘆。其詞曰：『你看這文官濟濟中何用，便是那武將森森也枉然，卻教我紅粉去和番！』下語如鑄愧煞千古鬚眉。」

白居易〈昭君怨〉寫道：「見疏從道迷圖畫，知屈那教配虜庭？自是君恩薄如紙，不須一向恨丹青。」徐夤〈明妃〉寫道：「不用牽心恨畫工，帝家無策及邊戎。」

在西漢的重要文獻《鹽鐵論》一書中，桓寬記載了賢良文學與桑弘羊之間關於對匈奴和戰問題的激烈爭論。賢良文學認為，對待匈奴，用戰爭的形式不如用和親的形式，只要用仁義引導感化他們，就能避免匈奴的騷擾，維持北方和平的局面。他們主張「罷關梁，除障塞，偃兵休士，厚幣和親」。桑弘羊則強調了漢初對匈奴「和親政策」的失敗。「一到征戰處，每愁胡虜翻」（高適詩句），匈奴反覆無信，百約百叛，經過連年戰爭，匈奴已然挫折遠遁，現在正是趁熱打鐵「宜將剩勇追窮寇」，徹底征服匈奴的大好時機，萬不可功虧一簣半途而廢留下隱患遺恨無窮。

我們且不管當年政治上的和戰爭議，客觀上，對王昭君的讚頌，是由一個弱女子以犧牲其人生幸福為代價，承擔起了「息烽火，止干戈」的重任。

宋元之交，游牧民族入主中原，民族矛盾激化，民族壓迫沉重。昭君和親的故事被拿來引用，藉昭君故事抨擊當局懦弱無能，進一步激發愛國主義熱情。呂本中〈明妃〉：「漢氏失中策，清邊烽燧頻。丈夫不任事，女子去和親。」黃庭堅〈水調歌頭·遊覽〉：「堂有經綸賢相，邊有縱橫謀將，不減翠蛾羞。」李綱〈明妃

曲〉：「寧辭玉質配胡虜，但恨拙謀羞漢家。」盛世忠〈王昭君〉：「漢使南歸絕信音，氈庭青草始知春。蛾眉卻解安邦國，羞殺麒麟閣上人。」無名氏〈昭君曲〉：「氈城寓里風雪寒，妾行雖危漢室安。漢室已安妾終老，妾顏穹廬豈長好。漢家將相多良策，更選嬋娟滿宮掖。單于世世求和親，漢塞自此無風塵。」充滿著嘲諷意味。釋智圓〈昭君辭〉：「昭君停車淚暫止，為把功名奏天子。靜得胡塵唯妾身，漢家文武合羞死。」金王元節〈青塚〉：「環珮魂歸青塚月，琵琶聲斷黑山秋。漢家多少征西將，泉下相逢也合羞。」元耶律楚材〈過青塚次賈摶霄韻〉：「延壽丹青本誑君，和親猶未斂胡塵。穹廬自恨嬪戎主，泉壤相逢愧漢臣。」等等。

粉脂作甲冑，紅顏能抵百萬兵？

## 五、君王有詔從胡俗，慟哭薄命終穹廬

《漢書．匈奴傳下》中，記載了王昭君的最後歸宿：

> 王昭君號寧胡閼氏，生一男伊屠智牙師，為右日逐王。呼韓邪立二十八年，建始二年死……呼韓邪病且死，欲立且莫車，……呼韓邪死，雕陶莫皋

立，為復株絫若鞮單于。復株絫若鞮單于立……復妻王昭君，生二女，長女云為須卜居次，小女為當於居次。

從漢書的記載中我們得知，王昭君不論是身處無奈屈從，還是深明大義主動俯就，她與呼韓邪單于「先成親後結果」，生下一個兒子伊屠智牙師。然而，好景不長，兩人僅僅生活了不到三年，「呼韓邪病且死」，臨死前遺命傳位於匈奴族長妻閼氏所生的兒子雕陶莫皋繼位，史稱復株絫若鞮單于。《後漢書．南匈奴列傳》記載：「初，單于弟右谷蠡王伊屠智牙師，以次當位左賢王。左賢王即是單于儲副。單于欲傳其子，遂殺智牙師。智牙師者，王昭君之子也。」雕陶莫皋為了繼位單于，不惜骨肉相殘，殺死了對自己王位構成威脅的王昭君親生兒子伊屠智牙師。《漢書．匈奴傳》裡對匈奴風俗有記載：「匈奴父子同穹廬臥。父死，妻其後母；兄弟死，盡妻其妻。無冠帶之節，闕庭之禮。」也就是說，養子有權得到後母，雖說名分差一輩，王昭君必須嫁給新王（繼子）為妻。昭君深以為辱，堅絕不從，屢次上書漢廷要求「乞歸」，返回祖地。然而盼來的卻是冷水潑頭：此時元帝劉奭已死，繼位的漢成帝劉驁對王昭君的泣血求告十分冷漠。《後漢書．南匈奴列傳》記載「成帝敕令從胡

俗」，敕令王昭君入鄉隨俗，尊重匈奴人的習慣。萬般無奈之下王昭君成了新單于復株絫若鞮的妻子。

關於昭君忍辱委屈，嫁給殺害自己親子的新單于復株絫若鞮後的日子，史書有兩種完全不同的說法，一說昭君感覺萬分屈辱，終日鬱鬱寡歡，最後服藥自盡，歿年三十三歲；另一說新單于復株絫若鞮對王昭君萬分寵愛，夫妻之間生活平靜，王昭君又生下了兩個女兒，長女叫須卜居次，小女叫當於居次，長成後分別嫁與匈奴貴族為妻。然而，紅顏命薄，僅僅又是十一年的光景，復株絫若鞮單于又先於王昭君而撒手西去。再次守寡的王昭君又被命再嫁新單于，復株絫若鞮的長子，也就是呼韓邪的孫子，王昭君終於承受不住，精神徹底崩潰。她最後選擇了服毒自盡，一代佳人就此香消玉隕，命斷異鄉，空留下一方青塚在陰山腳下、大漠深處遙望著南方的故國。

《漢書》中還有一句關於王昭君後代的記述：王莽秉政時，曾「令遣王昭君女須卜居次云入侍。」這也許是對王昭君的最好安慰，自己雖然沒有能「魂歸故國」，但自己的女兒終得「葉落歸根」，入侍漢室。

關於王昭君的悲慘身世，其實早在石崇的〈王明君辭〉一詩中已經透出端倪「父

子見淩辱，對之慚且驚」；《琴操》一書所記載的昭君故事，雖然故事框架與史實相同，卻把她的結局改為不願從胡俗再嫁，「乃吞藥而死」，完成了一個悲劇形象的塑造；朱翌在〈詠昭君〉一詩中，做出這樣的感嘆：「當時夫死若求歸，凜然義動單于府。不知出此更隨俗，顏色如花心糞土。」宋人袁燮的〈昭君祠〉一詩，更是對麻木不仁的君王發出譴責：「老胡死矣義當返，慷慨懷歸曾上書。君王有詔從胡俗，慟哭薄命終穹廬。」

面對王昭君的「青塚」，我想到了趙汝譡〈讀昭君曲〉中的兩詩句：「昭君死作千年土，曲上人間調不同。」且以此詩句作為結語。

# 楊玉環：馬嵬紅顏長恨歌

## 引子、對話死魂靈

從太原一路往晉西南，就踏上了「大唐蒲東」的故地。位於永濟「省道運風路」一側的雷首山上，人們指認那就是「回眸一笑百媚生，六宮粉黛無顏色」的楊貴妃故里——獨頭村。

當年的獨頭村遺址已無跡可尋。一九五八年，在蘇聯專家的提議下，後來遺禍無窮的黃河三門峽水庫工程開工，獨頭村一帶由於是淹沒區，居民全部遷出。後來蘇聯專家撤離，被荒蕪遺棄的村落又陸續有了人煙，但此村落已不是彼村落，「美人知何去，空遺遊客處」。

一九九四年，永濟市開發旅遊資源，修建了這片占地近百畝，仿唐式楊玉環故居建築群。這座依山而建的三進院落宅子，進了山門似的堡門，拾階而上，沿著中軸線依次可經過傳說中傭人居住的下院、楊貴妃姐妹兄弟和叔嬸居住的中院，以及供奉楊家歷代祖宗的祭祀房上院。上院是整個院落群的最高點，從角門出去到西花園，極目遠眺，黃河落天走山西，「長河落日圓」。

據楊貴妃故里文管所所長王占一介紹，這些年，陸續慕名前來的中外遊客越來越

多。最能引起遊客興趣的，是山下的千年古潭——貴妃池。貴妃池是兩個相依相傍的古潭，長年有泉眼出水，無論旱澇，泉水都清澈甜美。相傳楊貴妃五歲時頭上曾生過疥瘡，頭髮寸根不生，漂漂亮亮的小女孩卻是禿頂。

後來她常與嫂嫂來這個池潭中洗衣，有時天氣熱就會用池水洗洗頭，日子久了，頭上的瘡竟結疤脫落；又過了一段時間，長出了滿頭秀髮。王占一說，此水經檢測，含有多種微量元素及礦物質，浴後肌膚滑膩光潔，頭髮也滑順亮澤（此段傳說，據《山西晚報》謝燕撰寫楊貴妃一文）。

「歸來池苑皆依舊，太液芙蓉未央柳。芙蓉如面柳如眉，對此如何不淚垂。」

我久久地凝視這一潭深水，清澈如鏡的波紋漣漪中，乍地就映出了楊貴妃那張姣美的面容。似是古畫四大美女中的模樣，又似古裝劇中楊貴妃飾演者的形象。她似在調皮地嘻笑，又似悲愴地流淚。若隱若現，恍若夢境……

## 一、身世之謎

楊貴妃的身世，一直是個謎，好像真是「九天仙女下凡塵」。直到今天，遍翻典籍，尋訪故里，仍不明白楊貴妃出生何處、父母是誰。這麼一個美人胚子，難道如同美猴王，是從石頭縫裡跳出來的？

《舊唐書．楊貴妃傳》說：「玄宗楊貴妃，高祖令本，金州刺史。父玄琰，蜀州司戶。妃早孤，養於叔父河南府士曹玄璬。」這本書裡，只是講到楊貴妃的父親楊玄琰，是四川的司戶，沒有講到楊貴妃的籍貫。所以後人就根據楊玄琰是在四川任官，據此推斷楊貴妃大概應該是出生在四川。

《新唐書．楊貴妃傳》說：「玄宗貴妃楊氏，隋梁郡通守汪四世孫，徙籍蒲州（今山西蒲坂），遂為永樂人。」書中記載，楊貴妃的祖上，遷徙到了蒲州，成為永樂人，這麼說，楊貴妃的籍貫就應該是蒲州永樂，也就是現在的山西永濟人了。

《舊唐書》和《新唐書》的〈楊玄琰傳〉都說楊玄琰是虢州閿鄉人，即現在的河南陝縣人，所以又有人根據這個籍貫推斷楊貴妃應該是河南人。

楊貴妃是西元七五六年死的，而《舊唐書》西元九四五年才開始撰寫，距楊貴妃

## 一、身世之謎

去世已經一百八十多年；《新唐書》編寫的時間更晚，是在楊貴妃死後兩百八十多年之後。隔兩三百年再寫前代的歷史，已然缺失了許多第一手資料，所以寫得十分簡短且語焉不祥。

除正史之外，《楊太真外傳》可能是第一部比較詳盡的野史或戲說。《楊太真外傳》一書裡記載：楊貴妃，原名楊芙蓉，小名玉環，道號太真，是「弘農華陰人，後徙居蒲州永樂之獨頭村」。書中除進一步明確點出楊貴妃「徙居蒲州永樂之獨頭村」外，又引出一個線索：楊貴妃是「弘農華陰人」，即現在的陝西華陰縣人。

唐朝人許子真編著的《全唐文》，大概是有關楊貴妃最早的典籍記載了，它在卷四中，載有「容州普寧縣楊妃碑記」一文。根據碑記，顯然楊貴妃又成為廣西容縣人。

於是，楊貴妃的故里何處，至少已經有了五種說法：陝西華陰、山西蒲州、廣西容縣，還有四川和河南之說，真讓人覺得雲山霧罩、「不識廬山真面目」了。

## 二、婚配之謎

獨頭村曾專門設置了「貴妃傳奇展覽館」，展覽中這樣介紹楊玉環與壽王的「緣識」：

大唐開元二十一年（七三三），唐玄宗第十八子壽王李瑁出巡河東，在人群中忽然發現一絕世女子，懷抱錦雞，騎坐牆頭，笑意盈盈地看熱鬧。李瑁一見傾心，回去後念念不忘。幾經查訪，佳人名叫楊玉環，芳齡十五歲，原是蜀州司戶楊玄琰的小女兒，因從小父母雙亡，跟兄嫂住在一起，就在蒲州（今永濟）獨頭村內。鄉親們的這段傳奇，完全是一種民間想像。你遍閱史書，大概也找不到有此記載。日本人南宮博的歷史小說《楊貴妃》，則是將壽王與楊玉環的初次見面，安排在一場皇室宴會上。

在《新唐書》、《舊唐書》和其它史籍中，對楊玉環與壽王李瑁的這段婚姻記載，往往只是一筆帶過，好像他只是楊玉環閃亮登場前的一個龍套，完成使命後就銷聲匿跡了。但據我了解，楊玉環與壽王李瑁在一起至少生活了五年，而且壽王李瑁是當時眾多皇子中，唯一只有正妃、不立側妃的特例。從這一細節可推斷，楊玉

環與壽王李瑁之間，大概也有著纏綿悱惻的愛情故事。

在《楊貴妃外傳》中，關於唐玄宗與楊貴妃的初次相遇，有這樣一段描繪：一次，唐玄宗在華清池洗浴，在回宮的走廊上，發現一名女子隔著走廊，在花窗下斜倚著。看那女子背著身子，雲髻半偏，襯著柔軟的腰肢，已是動人心魄；待她一回過臉來，那半邊腮，恰恰被一朵芙蓉花兒掩住，露出那半面粉頰，使人分辨不出是花，還是人面。這女子不知不覺把玄宗的魂魄絆住，玄宗不由自主地向她走去。那女人似有意吊他的胃口，且不疾不徐地往前走，走走停停，停停走走，總與玄宗保持著一段距離，害得宦官高力士也只好跟著走，而這讓唐玄宗神魂顛倒的女人就是楊玉環。

那位擅寫纏綿悱惻愛情詩的李商隱，「心有靈犀一點通」，對壽王李瑁的心境很有共鳴。他在〈龍池〉中寫道：「龍池賜酒敞雲屏，羯鼓聲高眾樂停。夜半宴歸宮漏永，薛王沉醉壽王醒。」華清池帝王賜宴暢飲，薛王喝醉了，壽王卻清醒著。只此一筆，一個惆悵若失的壽王李瑁的神態躍然紙上。

李商隱還在〈驪山有感〉一詩中，以含蓄曲筆提及壽王李瑁：「驪岫飛泉泛暖香，九龍呵護玉蓮房。平明每幸長生殿，不從金輿唯壽王。」玄宗與楊貴妃遊幸，眾

王都眾星捧月、趨之若鶩，而唯獨壽王李瑁默默無言地避開了。

這是一枚難嚥的苦果，壽王李瑁只能默默品嘗。

那時，歷史上有名的「口蜜腹劍」的奸相李林甫看出了玄宗的心思，於是就為皇上出主意說：直接把兒媳婦娶回來，確實也太有礙幾千年來的倫理道德，也有損陛下「聖君」的形象。不妨找一個藉口，打著孝順的旗號，就說為自己的母親竇太后薦福，下詔讓楊玉環「自願」離開壽王府，先出家到太真宮做了一個女道士，並賜道號「太真」。並引經據典，說當年唐高宗李治已開先例，看上了父皇的才人武媚娘，就是後來歷史上有名的順聖皇后武則天。為了把父妾娶當自己的妃子，當年高宗也是先讓武媚娘出家當了尼姑，遮天下人的耳目，繞了一大圈，再迎進宮來。在迎楊玉環進宮封妃之前，可能作為「父奪子愛」的一個補償或安慰，玄宗還煞有介事地冊封左衛中郎將韋昭訓的女兒為壽王妃，婚配給壽王李瑁，並親自主持了成婚大典。

# 三、寵幸之謎

《舊唐書》記載：「開元已來，豪貴雄盛，無如楊氏之比也。玄宗凡有遊幸，貴妃無不隨侍，乘馬則高力士執轡授鞭。宮中供貴妃院織錦刺繡之工，凡七百人，其雕刻熔造，又數百人。」此段史載說明，唐玄宗對楊貴妃的寵幸，達到了歷代帝王中空前絕後登峰造極的程度。

華濁水在《中國帝王后宮私生活之謎全紀錄》一書中，對楊貴妃受到的寵幸有這樣幾段描述：

某年的五月五日，唐玄宗在興慶池避暑，與楊貴妃白晝睡在水殿中。宮嬪都憑欄倚檻，爭著看雌雄兩隻鴛鴦在水中遊戲。玄宗正擁抱貴妃在綃帳內睡覺，他睜開睡眼對眾宮嬪說：「你們愛水中的鴛鴦，怎麼比得上我被底的鴛鴦。」

……

有一年八月，太液池中有幾千朵白蓮花盛開。玄宗與貴戚們設宴賞花，大家都對白蓮花讚不絕口。玄宗指著身邊的楊貴妃對大家說：「白蓮雖美，怎比

得上我的這個解語花！」

……

開元末年，江陵地方進貢乳柑橘，玄宗以十枚柑橘種在蓬萊宮，到了天寶十年的九月秋天結實。結了一百五十餘顆果實，其中還有兩個堪稱神奇，竟然像雙胞胎結為一體。唐玄宗稱之為「合歡果」，玄宗與楊貴妃互相把玩，玄宗說：「柑善解人意，知道朕與卿恩愛如同一體，結此象徵，從此當永永合歡。」於是便並肩兒雙雙坐於榻上，剝著合歡果，互相送到嘴裡吃了。

楊玉環愛吃鮮荔枝，但南方才有荔枝，而且荔枝一過七日就不再新鮮，玄宗為討貴妃的歡心，不惜千里專程派人去嶺南一帶飛驛傳送荔枝。沿途以快騎傳遞，每到達一個驛站就換上新的馬匹，許多快騎常常為了趕路而累死。杜牧〈過華清宮〉是這樣描述的：「長安回望繡成堆，山頂千門次第開；一騎紅塵妃子笑，無人知是荔枝來。」

白居易把楊貴妃受到的寵幸，概括為這樣的詩句：「回眸一笑百媚生，六宮粉黛無顏色」，「後宮佳麗三千人，三千寵愛在一身」，「春宵苦短日高起，從此君王不早朝」。

唐玄宗與楊貴妃關於音樂方面的故事，民間有著許多流傳：

有一夜，玄宗夢見十位仙子駕著雲從天上下來，她們手中各執樂器懸空而奏。曲度清越不是人間的凡音，其中有一個仙人說：「這是神仙《紫雲回》，現在傳授給陛下，可為正始之音。」玄宗醒來後餘響彷彿還在，第二天命楊貴妃用玉笛演奏，一絲也不差。

有一次在東都，玄宗白天夢見一個容貌豔異的女子，梳著交心髻，大袖寬衣拜倒在床前。玄宗問：「妳是誰？」那個女子說：「妾是陛下凌波池中的龍女，衛宮護駕妾也有功，玄宗陛下洞曉鈞天之音，請賜給小女子一支曲。」於是，玄宗在夢中為龍女鼓胡琴，名字叫做《凌波曲》。等到玄宗醒來後還記得曲子，於是在凌波宮臨池彈奏這首《凌波曲》，一瞬間池中的波濤湧起，接著有神女出現在池水中，正是夢中所見的龍女。

開元年間宦官白秀貞從蜀地回來，獻給玄宗一把琵琶。琵琶槽是邏檀木製成，溫潤如玉，光亮可鑑，有金絲紅紋形成的兩隻鳳凰，弦是由末訶彌羅國永泰元年所進貢的淥水蠶絲製成，光瑩如串起來的珠子瑟瑟作響。楊貴妃抱著這柄琵琶在梨園彈奏，淒清的音韻飄向雲外。聞聽此樂的杜甫有詩為證：「此曲只應天上有，人間能得幾回聞。」

《舊唐書》裡記載，有一次，玄宗提議用中原的樂器配合西域傳來的五種樂器開一場演奏會。當時貴妃懷抱琵琶，玄宗手持羯鼓，輕歌曼舞，晝夜不息。對此，白居易有詩為證：「緩歌曼舞凝絲竹，盡日君王看不足。」楊玉環還是個擊磬高手，她演奏時「拊搏之音泠泠然，多新聲，雖梨園弟子，莫能及之」。玄宗命人採藍田美玉雕琢為磬，上面裝飾著流蘇之類，以金鈿珠翠珍怪的東西雜飾……製作精妙，一時無雙。

在對音樂的共同愛好中，兩人情投意合。《霓裳羽衣曲》是唐玄宗的得意佳作，楊玉環根據此曲，把它編排成舞蹈，依韻而舞，歌聲婉若鳳鳴鶯啼，舞姿翩若天女散花，深得唐玄宗曲調的意境和情韻。玄宗興奮不已，親自為其伴奏。唐玄宗和楊貴妃真稱得上是夫唱婦隨、鸞鳳和鳴。俗話說：千古難得是知音。俗話還說：姻緣不是尋覓到的而是碰撞到的。楊玉環陰差陽錯鬼使神差，竟然意外得到了唐玄宗這麼個知音。「人生得一知音足矣，斯當以手足待之！」

楊玉環說：三郎熟悉音律，對曲樂、舞蹈都頗有研究。就如同後來歷史上的南唐李後主李煜、北宋宋徽宗趙佶、他們如果不是誤生帝王家捲入無情的政治鬥爭漩渦，完全可能成為一個成功的詩人書畫家音樂家。

《舊唐書》上看到記載有這樣的字句：「太真姿質豐豔，善歌舞，通音律，智算過人。每倩盼承迎，動移上意。」《新唐書》上說：「治其容，敏其詞，婉孌萬態，以中上意。」而在一些野史、外傳之類的民間演義中看到，楊玉環總會想出許多新鮮點子來，讓唐玄宗玩得忘乎所以。比如她發明了一種叫「風流陣」的玩法，讓玄宗領上百十餘個小太監，她則領上人數對等的宮女，列為陰陽兩陣，將錦帛縛在竿頭做旗幟。另有一班小黃門，在臺階下擊鼓鳴金，作兩陣進退之號令。今天陰盛陽衰，明日又陽盛陰衰，凡打敗的一方，都要罰飲酒一大杯。擊鼓時，小太監和宮女們扭打在一起，一幅墮冠橫釵的狼狽樣子，玩得唐玄宗樂不可支。

## 四、情敵之謎

在潘東〈揭祕楊貴妃被唐玄宗趕出宮的兩次出軌事件〉一文中，作者講述了楊玉環兩次被逐出宮的細節。

【第一次出宮】

這一年的七月，唐玄宗因為楊貴妃「妒悍不遜」，一怒之下，把楊貴妃打發回娘

家。誰都知道，皇帝后宮美人無數，彼此嫉妒也是后妃的常態。那麼，讓楊貴妃如此嫉妒的人是誰？就是那個叫梅妃的女人。

根據傳奇小說《梅妃傳》的說法，梅妃姓江，叫采蘋，是福建人，入宮比楊貴妃還早。當年武惠妃去世，唐玄宗不是悶悶不樂嗎？高力士就到全國替他海選美女，還沒選到楊玉環，先在福建發現江采蘋了。江采蘋不單長得漂亮，也是個才女，九歲就能背《詩經》，長大了更是擅長詩賦，不僅風雅，還特別喜歡清麗脫俗的梅花，在自己屋子周圍都種了梅樹，所以唐玄宗才喚她梅妃。梅妃剛入宮的時候也很得寵，但楊貴妃入宮之後，一山難容二虎，兩個人之間難免就彼此嫉妒。這兩個美女長得一肥一瘦，就開始彼此進行人身攻擊，楊貴妃叫梅妃梅精，梅妃喊楊貴妃肥婢。當然，鬥到後來，楊貴妃逐漸占了上風了，梅妃也就逐漸被冷落。但唐玄宗可是風流天子，偶爾舊情難忘，又去私會梅妃，結果讓楊貴妃逮了個正著，對唐玄宗不斷挖苦，就把唐玄宗惹惱了。

玄宗很生氣，認為自己好歹也是皇帝，後宮佳麗三千人是應該的。當年武惠妃那麼得寵，自己不是照樣生了三十個兒子、三十個女兒嗎？怎麼到妳楊貴妃這裡就不行了呢？一個妃子，難道還敢管皇帝不成！

唐玄宗怎麼處置這個不懂事的妃子呢？他下令把楊貴妃送回娘家，可是楊貴妃的親生父親和養父都早死，哪裡算是娘家？楊玉環還有一個堂哥叫楊銛。既然父親死了，那麼長兄如父，哥哥家就是娘家，就送回他們家吧。自從楊貴妃得寵之後，哥哥楊銛可沒少沾光，官至三品，現在看妹妹被送回來了，楊銛很傻眼，這是什麼意思？皇帝休妻了？

楊家這裡慌成一團，唐玄宗那裡也跟著慌了。自己在氣頭上把楊貴妃送走了，可是送走之後呢？唐玄宗一下子又覺得身邊空下來了。楊貴妃在的時候，他背著貴妃跟那些宮娥偷偷調情，倒是充滿了冒險的快樂；現在楊貴妃一走，他可以大大方方地寵幸任何一個美人，他反倒覺得無聊了。武惠妃剛死的時候那種淒涼孤寂又回來了，玄宗受不了了。

怎麼辦呢？高力士就上奏唐玄宗：貴妃剛被送出去，她哥哥家肯定也來不及預備接待，這一回家肯定衣食不周，不如把貴妃院裡的所有陳設、玩物都送到楊銛家吧？高力士這算是投石問路，探探皇帝的口風。

唐玄宗心裡正惦記著楊貴妃呢，聽高力士一說，正中下懷，馬上同意，那一共送了多少東西過去呢？《資治通鑑》記載，足足送了一百多車。這還不算，唐玄宗

當時正用午膳，他對高力士說：光送用的東西不夠，把我的御饌分一半送去給貴妃吧。既然皇帝的態度已經清清楚楚，那接下來高力士就知道該怎麼辦了。

吃完飯，再等一下不就到晚上了嗎，皇帝今天已經沒吃好飯了，總不能再睡不好覺吧。這時候，高力士又上奏了，說貴妃在家閉門思過已經一天了，想來對自己的錯誤已經有了深刻的認識，還是請皇帝把貴妃迎回來吧。但唐朝還是實行宵禁制度，一到晚上，誰也不准到處走動，但這可難不倒唐玄宗，他立刻親自下旨讓禁軍去接送。

皇帝派人去接，就等於已經先認錯了，楊貴妃怎麼表示呢？根據《舊唐書．楊貴妃傳》的記載，她回宮之後「伏地謝罪」，也主動認錯了，玄宗一看，更加高興了。

【第二次出宮】

可是，人總是會重蹈覆轍。四年之後，唐玄宗天寶九年二月，唐玄宗又一次把楊貴妃送回娘家，這次又為了什麼呢？《資治通鑑》只寫了簡單的六個字「楊貴妃復忤旨」，到底什麼才叫忤旨呢？

宮闈密事的神祕性就在這裡，真實原因可能永遠是個謎了。但是，有一點可以肯定，就是這次楊貴妃的過錯比較大。為什麼呢？從唐玄宗的態度就可以看出來了。

上一次出宮的時候，玄宗不是當天就把楊貴妃接回來了嗎？可是這次，唐玄宗似乎很能忍，送回去之後，再沒什麼表示了。這下楊家可著急了，如果貴妃失寵了，他們不就樹倒猢猻散了嗎？眼看皇帝在氣頭上，娘家人不好出面；找個說客的話，又要找誰呢？

當時有一個戶部郎中叫吉溫，伶牙俐齒，心機深沉，是個八面玲瓏的傢伙。楊家就託他去遊說唐玄宗。吉溫跟唐玄宗說：「婦人識慮不遠，違忤聖心，陛下何愛宮中一席之地，不使之就死，豈忍辱之於外舍邪？」楊貴妃是個女人，陛下想殺就殺，沒有問題；但是，她畢竟是一名妃子，你就是讓她死也得在宮裡死，怎麼忍心讓她在外面忍受羞辱呢？

唐玄宗一聽吉溫這樣說，大為感動，又忍不住了。趕緊派一名宦官去看楊貴妃。而且跟上次一樣，也把御饌分了一半送去。

楊貴妃是什麼反應呢？她淚如雨下。本來玄宗這次好幾天都沒理會她，楊貴妃也知道問題的嚴重性了；現在一看見宦官，知道皇帝還在想著她，自己能不哭嗎？光哭還不夠，楊貴妃當場剪下一縷頭髮，交給宦官說：「妾罪當死，陛下幸不殺而歸之。今當永離掖庭，金玉珍玩，皆陛下所賜，不足為獻，唯髮者父母所與，敢以薦

誠。」古代人講究「身體髮膚，受之父母」，頭髮非常重要。所以結婚的時候，新郎和新娘把頭髮繫在一起，叫結髮；男女定情，信物也往往是一綹頭髮，而現在楊貴妃拿這綹頭髮跟玄宗訣別。唐玄宗一看見楊貴妃的一縷青絲，所有的怨氣、不滿、矜持全都拋到九霄雲外了，他怎麼可能捨得跟貴妃訣別？沒辦法，最後還是高力士出面，又把楊貴妃給接回來了。按照《資治通鑑》的記載，玄宗對楊貴妃從此「寵待益深」了。

關於梅妃，我還看到這樣的文字：

梅妃自此西閣一幸，好幾年不見玄宗。荒苔凝碧，垂簾寂寂，再也沒有宦官奔走傳訊，再也沒有宮娥把盞侍宴，深宮孤單淒涼，梅妃整日藉花消愁。忽聽到嶺南馳到驛使，還以為是賚送梅花給她，芳心竊喜，經詢問宮人，才知是進鮮荔枝與楊妃，越發唏噓難過。默思宮中侍監，只有高力士權勢最大，很得玄宗親信，若欲再邀主寵，除非此人出力不可。

梅妃思來想去，便命宮人請來了高力士，梅妃問道：「將軍曾侍奉皇上，可知皇上還記得有江采蘋麼？」高力士道：「皇上自然是惦念南宮，只因礙著貴妃，不便宣召。」梅妃道：「我記得漢武帝時，陳皇后被廢，曾出千金賂司馬相如，作〈長門

賦〉上獻，今日豈無才人？還乞將軍代為囑託，替我擬〈長門賦〉一篇，以求聖上能再重顧於我。」高力士恐怕得罪楊妃，不敢應承，只推說無人解賦。又說娘娘善詩賦，何不自撰。梅妃長嘆數聲，援筆蘸墨，立寫數行，摺起來，並從篋中湊集千金，贈與高力士，託他進呈。力士不便推卻，只好持去，待楊貴妃不在時悄悄地呈與玄宗。玄宗展開一看，題目是〈樓東賦〉，淒婉無比，令人讀之黯然。

玄宗反覆讀過，想起梅妃的種種好處，心裡很是悵然，但又不敢去見梅妃，便令力士密賜梅妃珍珠一斛。梅妃拒絕了珍珠，並又寫了七絕一首〈謝一斛珠〉，託力士帶回，再呈玄宗。玄宗又復展覽，但見上面寫著：「柳葉雙眉久不描，殘妝和淚汙紅綃。長門盡日無梳洗，何必珍珠慰寂寥。」

唐玄宗讀後悵然不樂，令樂府為詩譜上新曲，曲名叫〈一斛珠〉（歌德曾將此詩的英譯本譯為德文，是中國最早譯為德文的古詩）。玄宗正在吟玩，忽然楊妃進來，將詩句從玄宗手中奪去，楊妃看完擲還玄宗，又見案上有一薛濤箋，寫著〈樓東賦〉一篇，從頭至尾看了一遍後不禁大憤道：「梅精庸賤，竟敢做此怨詞，毀妾倒情有可原，謗訕聖上，該當何罪？應即賜死！」玄宗默然不答。楊妃再三要求賜死梅妃，玄宗道：「她無聊做賦，情跡可原，卿不必與她計較。」楊妃卻纏著玄宗賜死梅

妃，還算玄宗有良心，念及舊情，沒有照做。

對於兩次出宮事件，我有著不同常人的解讀：正是由於這兩次「有驚無險」、「失而復得」的經歷，玄宗與貴妃在對方心目中，都以一個新的形象出現：你們像一對平常夫妻一樣吵架拌嘴，之後又像百姓夫妻一般和解。短暫的分離，激起更為強烈的思念，吵架成為平淡生活的一種調味。總之，皇帝已從九五之尊的雲端降落，而妃子的侍駕也昇華為真情實意，少了虛與委蛇。這大概正是楊貴妃與唐玄宗愛情故事的感人之處，也才激起歷代文人無限想像的空間，撰寫出那麼多可歌可泣的愛情故事。

## 五、讖言之謎

關於李白與楊玉環的關係，有著許多傳說和歪批。略列一二：

在〈揭祕楊貴妃與唐玄宗、李白之間三角戀的真相〉一文中，作者寫下這樣的文字：

由殷桃、黃秋生主演的電視劇《楊貴妃》熱播，劇中楊貴妃與李白撲朔迷離的曖昧關係成了一大看點也備受爭議……從李白的詩歌可以看到，玄宗每次攜楊貴妃遊玩，都喜歡讓李白跟隨左右，吟詩佐興。天寶元年十月，玄宗攜楊貴妃往驪山泡溫泉，李白跟著去了，之後寫了〈侍從遊宿溫泉宮作〉等詩；次年初春，玄宗在宮中娛樂，李白奉旨作〈宮中行樂詞十首〉（今天只能看到其中的八首）；仲春，玄宗遊宜春苑，李白也去了，奉詔作〈龍池柳色初青聽新鶯百囀歌〉；暮春，玄宗與楊貴妃於興慶宮沉香亭賞牡丹，玄宗想要聽新詞入曲的演唱，命李白作〈清平調〉詞三首；入夏，玄宗泛舟白蓮池，李白作了〈白蓮花開序〉；此外，〈春日行〉、〈陽春歌〉等詩，大約也是陪侍應制之作。

李白在朝廷充當文學侍從的一年多里，陪著玄宗和楊貴妃到處遊玩。據此可以推測，李白是見識過楊貴妃的美貌與歌舞才藝的……倘若說，擅長歌舞、精通音律的美人楊貴妃對詩歌才華的李白無動於衷，恐怕也不合情理。才子與佳人相遇，雖然沒有傳出任何緋聞，但是，合理想像一下，惺惺相惜之情應該是有的。

而在〈楊貴妃與李白的緋聞真實嗎？〉一文中，作者對李白與楊玉環的關係作了這樣的推論：

最有力的證據就是李白那〈清平調〉詞三首！這首千古流傳的詩篇，儘管還只是「孤證」，卻是鐵證！其實也不是「孤證」，李白還有兩首詩〈長相思〉：

（一）

長相思，在長安。絡緯秋啼金井闌，微霜凄凄簟色寒。孤燈不明思欲絕，卷帷望月空長嘆。美人如花隔雲端，上有青冥之長天，下有淥水之波瀾。天長地遠魂飛苦，夢魂不到關山難。長相思，摧心肝。

（二）

日色欲盡花含煙，月明如素愁不眠。趙瑟初停鳳凰柱，蜀琴欲奏鴛鴦弦。此曲有意無人傳，願隨春風寄燕然。憶君迢迢隔青天，昔日橫波目，今為流淚泉。不信妾腸斷，歸來看取明鏡前。

同在長安，讓偉大的詩人如此摧肝裂肺，但是卻咫尺天涯，又近又遠、相隔雲端的如花美人，究竟會是誰呢？許多歷史學家和文學家曾經多方考證，認

為這首詩（尤其是第一首）一定有寄託。我以為，確實是有寄託，顯然，那個讓大詩人「孤燈不明思欲絕，卷帷望月空長嘆」的美人，其實不就是那個風華絕代的、天仙一般的美人楊玉環—楊貴妃嗎？

第二首〈長相思〉寫作在後，這兩首非同時所作，《李太白全集》中分排在卷三和卷六。但異曲同工的是，這兩首詩不僅題目相同，連內容也在似乎相互映唱，彷彿是兩個飽受相思之苦的情人之間的內心獨白，是兩顆心苦苦相互思念的真實寫照，一映一和，成為李詩中最溫柔最動情的千古絕唱。後一首詩其實是想像楊玉環對自己的思念。這麼一解釋，我們對二首〈長相思〉的背景、寫作意圖，應該就一目瞭然，一通百通了，不是嗎？因此我的結論出來了：如果說〈清平調〉詞三首是詩仙李白寫給楊玉環的情書，那麼〈長相思〉二首就是楊玉環和李白「環白戀」的記錄和證明。我認為：不排除是楊貴妃對李白多次拋媚眼，所以被唐玄宗吃醋而逐出朝廷。

這是一種說法。李白是因唐玄宗吃他的醋而被逐出宮廷，這倒是頗為引人注目的、具有帝王宮闈兼才子佳人雙重看點的三角戀愛故事。

還有一種說法是：先前開元年間，宮禁中種著紅、紫、淺紅、通白顏色不同的名貴木芍藥，就是今天的牡丹花。玄宗移植到興慶池東沉香亭前面，等到木芍藥盛開的時候，玄宗詔選梨園弟子演奏十六種樂曲。名樂師李龜年在歌壇久負盛名，他手捧檀板正要唱歌。玄宗說：「賞名花，對妃子，怎麼可以再唱舊樂詞？」接著命李龜年持金花箋，宣賜翰林學士李白寫了〈清平調〉三篇。這三首著名的詩，表面上寫牡丹，其實寫的是楊貴妃的天姿絕色：

（一）

雲想衣裳花想容，春風拂檻露華濃。若非群玉山頭見，會向瑤臺月下逢。

（二）

一枝紅豔露凝香，雲雨巫山枉斷腸。借問漢宮誰得似？可憐飛燕倚新妝。

（三）

名花傾國兩相歡，長得君王帶笑看。解釋春風無限恨，沉香亭北倚闌干。

於是李龜年捧詞唱歌，梨園弟子按調撫絲竹，楊貴妃手持玻璃七寶杯，杯裡面盛滿了西涼州出產的葡萄美酒，笑著接受了李白的恭維。玄宗調紫玉笛按聲倚曲。每

當曲子演奏一遍將換的時候，他便拖長了聲調來討楊貴妃的歡心。但是高力士以為李白脫靴為恥，過了幾天楊貴妃重吟李白寫的詞，高力士就詆毀李白說：「老奴還以為妃子聽了李白的詞怨入骨髓，卻不料像這樣拳拳珍愛。」楊貴妃大驚問：「李學士的詞怎麼了？」高力士說：「以漢朝的趙飛燕比喻妃子，太過分了。」楊貴妃由此而嫉恨李白。唐玄宗曾經三次想重用李白，都因為楊貴妃的緣故而罷手。

而在〈李白對唐玄宗寵幸楊貴妃的諷諫〉一文中，這層意思就寫得更為明確了：

……透過對李白〈陽春歌〉、〈宮中行樂詞〉、〈烏棲曲〉、〈古風〉（其二、四十三）〈古朗月行〉、〈春日行〉、〈雪讒詩贈友人〉等詩的具體分析，認為上述詩篇都是李白對唐玄宗的諷諫之作。這些詩作不僅大膽揭露了天寶時期唐玄宗倦於朝政、寵幸楊貴妃荒淫享樂的生活，也指出了他這樣做已經給當時政治上帶來的嚴重危害，而且還提出了寵幸楊貴妃將會帶來亡國之災的警告。李白對唐玄宗的再三諷諫，體現了李白對國家命運的關注和憂慮，更表現了李白忠誠無畏的品格。

這是另一種說法：李白被逐出宮是因為他對唐玄宗與楊貴妃的關係給予辛辣的嘲諷，惹得楊貴妃向唐玄宗進了讒言。

此兩種見仁見智的說法，都與李白那三首膾炙人口的〈清平調〉有關。同樣的詩作，卻是「橫看成嶺側成峰」，得出了截然不同的結論。

由於李白的詩才詩名，我對史籍外傳、甚至民間戲言中關於楊貴妃與李白關係的描述，都特別關注。我並不相信關於貴妃與李白的流言蜚語，這種說法，反映出的是對唐朝婚配現象的打抱不平：為什麼如花似玉的女子要去侍奉一個花甲之人？我更關注另一種說法，就是李白被逐出宮，是由於貴妃向玄宗進了讒言，《新唐書・李白傳》就是持這一說法，而原因就是〈清平樂〉中「借問漢宮誰得似？可憐飛燕倚新妝」詞句。在《警世通言》一書中，寫有「李謫仙醉草嚇蠻書」一章，就詳盡地講述了高力士因忌恨於李白讓他當庭為之脫靴，而拿了〈清平樂〉詩句大作文章，挑唆說是李白以趙飛燕諷喻了楊貴妃。

李白被逐出長安的真正原因到底是什麼呢？

我想，玄宗之所以打消了一度有過的任命李白為中書舍人的念頭，可能是因為李白太愛喝酒，酒品又差。

樂師李龜年曾記述了他奉旨去喚李白時的情形：

天子與貴妃在興慶池東沉香亭觀賞牡丹，玄宗說：「對妃子，賞名花，新花安用舊曲？」於是命梨園長李龜年召李白入宮。李龜年四處尋找也不見李白的蹤跡，有人告訴他說，你到長安街市的酒肆中找，一定能找到。

李龜年到長安街市的酒肆，剛到酒肆近旁，只聽得酒樓上有人歌云：「三杯通大道，一斗合自然。但得酒中趣，勿為醒者傳。」李龜年道：「這歌的不是李學士是誰？」大踏步上樓梯來，只見李白獨占一個小小座頭，桌上花瓶內供一枝碧桃花，獨自對花而酌，已吃得酩酊大醉，手執巨觥，兀自不放。李龜年上前道：「聖上在沉香亭宣召學士，快去！」眾酒客聞得有聖旨，一時驚駭，都站起來閒看。李白全然不理，張開醉眼，向李龜年念一句陶淵明的詩，道是：「我醉欲眠君且去。」念了這句詩，就瞑然欲睡。李龜年也有三分主意，向樓窗往下一招，七八個從者，一齊上樓，不由分說，手忙腳亂，抬李學士到於門前，上了玉花驄，眾人左扶右持，龜年策馬在後相隨，直跑到五鳳樓前。天子又遣內侍來催促了，敕賜走馬入宮。龜年遂不扶李白下馬，與內侍幫扶，直至後宮，過了興慶池，來到沉香亭。

天子見李白在馬上雙眸緊閉，兀自未醒，命內侍鋪紫氍毹於亭側，扶白下馬少

臥。親往省視，見白口流涎沫，天子親以龍袖拭之。貴妃奏道：「妾聞冷水沃面，可以解醒。」乃命內侍汲興慶池水，使宮女含而噴之。白夢中驚醒，見御駕，大驚，俯伏道：「臣該萬死！臣乃酒中之仙，幸陛下恕臣！」天子御手攙起道：「今日同妃子賞名花，不可無新詞，所以召卿，可作〈清平調〉三章。」李龜年取金花牋授白，白帶醉一揮，立成三首。

李白愛喝酒，人盡皆知，他不僅有「詩仙」之稱，還另有「酒仙」之稱。在李白的詩中，留下了太多與酒有關的詩句：「古來聖賢皆寂寞，唯有飲者留其名」，「會須一飲三百懷，但願常醉不願醒」，「五花馬，千金裘，呼兒將出換美酒」，「青蓮居士謫仙人，酒肆逃名三十春」等等連篇累牘。

我想，大概是李白每次都是醉醺醺地去見玄宗，見了也是騰雲駕霧、踉蹌不穩。時日一長，儘管每次他都能夠寫出錦繡詩章，但畢竟讓唐玄宗心中不舒服。可是因此而怪罪或免職，又有些「投鼠忌器」，因為李白畢竟不同於一般文人，「天下誰人不識君」。所以，唐玄宗思來想去，顧此而言他，才給了李白一個「賜金放還」的聖旨。

李白成為「因酒耽擱前程」的一個典型案例。

# 六、禍國之謎

唐玄宗是唐王朝盛極而衰大轉折中的一位皇帝。歷史上對其評價，見仁見智褒貶不一。

唐玄宗初期，任用姚崇、宋璟、張九齡等忠直賢良之人為相，整頓武周後期以來的弊政，社會經濟繼「貞觀之治」後持續發展，被後世稱之為「開元之治」。歷史記載下一個細節：有一段時間，宰相韓休和蕭嵩共掌朝政，韓休正直，見玄宗有什麼過失，總是直言諫諍；而蕭嵩恰恰相反，總是順從唐玄宗。有一次，上朝回來，唐玄宗照鏡子，顯得悶悶不樂，左右內侍知道玄宗還在生韓休的氣，就勸說：「韓休為相後，陛下消瘦了。乾脆把他罷了官，免得再受他的氣。」唐玄宗沉思默想了好一陣，回答說：「我雖然瘦了，而天下人一定肥了。蕭嵩來奏事，一味說我愛聽的，他走後我心裡卻很不踏實；韓休雖然當時弄得我很不高興，可晚上睡得安穩，用韓休不是為了我一個人。」杜甫在〈憶昔〉一詩中說：「憶昔開元全盛日，小邑猶藏萬家室。稻米流脂粟米白，公私倉廩俱豐實……」唐人在經歷了中唐的動盪之後，對「開元盛世」更為懷念。

但是，在取得這些成就後，唐玄宗沉浸於一片「明君」的讚揚聲中，對於諫諍再也聽不進去，任用了歷史上那個「口蜜腹劍」的奸相李林甫，罷免了敢於直諫的張九齡。李林甫任相長達十九年，排斥正直能幹的大臣，重用一批奸佞小人。政局每況愈下。李林甫死後，又任用了楊貴妃的堂兄楊國忠，終於引發了「安史之亂」。唐玄宗一生，前後判若兩人的所作所為，為歷史提供了王朝興盛衰亂的借鑑，成為民間「政聲人去後，民意閒談時」的議論話題。元稹〈宮詞〉中的詩句：「白頭宮女在，閒坐說玄宗」；韋應物〈與村老對飲〉的詩句：「鄉村年少生離亂，見話先朝如夢中」；王建〈贈閻少保〉的詩句：「問事愛知天寶裡，識人皆是武皇前。」

唐玄宗由「旰食宵衣」的「英主」，轉變為「春宵苦短日高起，從此君王不早朝」的「昏君」，楊貴妃自然成為惑君亂國的「紅顏禍水」。

司馬光在《資治通鑑》卷二一六記載：「甲辰，祿山生日，上及貴妃賜衣服、寶器、酒饌甚厚。後三日，召祿山入禁中，貴妃以錦繡為大襁褓，裹祿山，使宮人以彩輿舁之。上聞後宮喧笑，問其故，左右以貴妃三日洗祿兒對。上自往觀之，喜，賜貴妃洗兒金銀錢，復厚賜祿山，盡歡而罷。自是祿山出入宮掖不禁，或與貴妃對食，或通宵不出，頗有醜聲聞於外，上亦不疑也。」正史中司馬溫公的一席話，更是

坐實了楊貴妃的「罪名」。尤其其中「祿山出入宮掖不禁，或與貴妃對食，或通宵不出，頗有醜聲聞於外」，更是含糊其辭地曝光了與「安史之亂」叛臣安祿山的一段曖昧。諸多野史和外傳別傳中，更是充斥著「楊貴妃與安祿山曖昧關係」的花邊新聞：

許嘯天在《唐宮二十朝演義》中，對楊貴妃與安祿山這樣描述：

安祿山身體有三百斤重，原是十分肥胖的人。肥人最是怕熱，他三杯酒下肚，更覺得渾身燥熱，玄宗見他滿臉熱得通紅，抓頭挖耳，便命他脫去外服，袒懷取涼。誰知祿山脫去了外服，還只是汗淋如雨，玄宗命他索性把上衣脫盡，赤膊對坐。玄宗見祿山長著一身白肉，便笑說道：「好肥白的孩兒。」道言未了，高力士報說：「楊娘娘駕到！」慌得安祿山扯住衣襟，向身上亂遮亂蓋，貴妃已到了跟前。祿山赤著膊，爬在地上磕頭說道：「臣兒失禮，罪該萬死！」貴妃笑扶著祿山的肥臂，命他起來，又笑說道：「誰家母親不見她孩兒肌膚，何失禮之有？」祿山聽貴妃如此說法，便也依舊赤著膊坐下……安祿山從此以後，不獨在皇帝跟前常常赤膊相對，便是對著貴妃，一聲嚷熱，盡把上

衣脫去。貴妃卻最愛看祿山的一身白肉，見皇帝不在跟前，便是祿山不赤膊，也要命他赤膊的。

李陽泉在《中國文明的祕密檔案》一書中，則作了更為露骨的表達：

唐玄宗寵幸楊貴妃到了無以復加的地步，然而，楊玉環卻不甘心只占有一個皇帝，偏偏喜歡上了胡兒安祿山。安祿山為了贏得玄宗的賞識，在貴妃面前大獻殷勤，他雖然比楊貴妃大十幾歲，卻請求給貴妃當乾兒子。楊貴妃故意笑而不答。唐玄宗卻鼓勵貴妃收下這個「好孩兒」。自從楊貴妃當了安祿山的「乾娘」，與安祿山來往就有了名分，你來我往，勾搭成奸……畢竟安祿山強壯有力，動作野蠻，刺激了楊玉環的情慾。玄宗不在時兩人偷偷幽會，一次安祿山用力過猛，竟然在她的酥胸上抓出一道道傷痕。楊玉環無法向玄宗交代，只好以錦緞遮在胸前，稱為「訶子」，這便是後世「乳罩」的起源，「祿山之爪」成了典故。事後安祿山私下對人說：「貴妃人乳，滑膩如塞上酥！」

《通鑑紀事本末．安史之亂》也曾記載說，天寶十年正月三日，是安祿山的生日，唐玄宗和楊貴妃賜給安祿山豐厚的生日禮物。過完生日的第三天，楊貴妃特召安祿山進見，替他這個「大兒子」舉行洗三儀式。楊貴妃讓人把安祿山當做嬰兒放在大澡盆中，為他洗澡；洗完澡後，又用錦繡特製的大襁褓，包裹住安祿山，讓宮女們把他放在一個彩轎上抬著，在後宮花園轉來轉去，口呼「祿兒、祿兒」，嬉戲取樂。「洗三」是中國古代誕生禮中非常重要的一個儀式。嬰兒出生後第三日，要舉行沐浴儀式，會集親友為嬰兒祝吉，這就是「洗三」，也叫做「三朝洗兒」。「洗三」的用意，一是洗滌汙穢，消災免難；二是祈祥求福，圖個吉利。替小兒「洗三」自然是再正常不過了，但為乾兒子「洗三」，大概只有楊貴妃做得出來。

我以此求證楊玉環：關於你給安祿山「洗三」之事，千年以來傳得沸沸揚揚。僅從文字上看，也讓人覺得確實有著「曖昧」的意味。

其實，我在許多史籍中，都看到對司馬光此論的質疑，清代編的《歷代御批通鑑輯鑑》裡，曾明確地指出：「通鑑載……考此皆出《祿山事跡》及《天寶遺事》諸稗史，恐非實錄，今不取。」清代著名學者袁枚更直接地為楊貴妃鳴不平：「楊妃洗兒事，《新》、《舊唐書》皆不載，而溫公通鑑乃採《天寶遺事》以入之。豈不知此種小說，乃村巷俚言……乃據以汙唐家宮闈耶？」而關於《天寶遺事》一書，早在南宋初，洪邁便指出其「固鄙淺不足取，然頗能誤後生。」

而被後世讚為歌頌楊貴妃與唐玄宗「在天願作比翼鳥，在地願為連理枝」愛情絕唱的〈長恨歌〉，白居易的本意是要「懲尤物，窒亂階，垂於將來」。就像他《新樂府》中「鑑嬖惑」的〈李夫人〉一樣，是持「紅顏禍水」的觀點：「傷心不獨漢武帝，自古及今皆如斯。君不見……泰陵一掬淚，馬嵬坡下念楊妃，縱令妍姿豔質化為土，此恨長在無銷期。」這不妨可看作是對〈長恨歌〉創作意圖的一個注腳。

徐夤則在《開元即事》中寫下這樣的詩句：「堂上有兵天不用，幄中無策印空多」，「未必蛾眉能破國，千秋休恨馬嵬坡」，已經對傳統這一「紅顏禍水」的說法提出反駁。魯迅對上層統治者和御用文人們奉行的「紅顏禍水」的封建史學觀，更是給予辛辣的嘲諷：「中國的男人，本來大半都可以做聖賢，可惜全被女人毀掉了。商是妲己鬧亡的；周是褒姒弄壞的；秦……雖然史無明文，我們也假定他是因為女人，大約未必十分錯，而董卓可是的確給貂嬋害死了……」

# 七、馬嵬之謎

關於楊貴妃之死，《舊唐書》上只是寥寥幾筆：

貴妃從幸至馬嵬，禁軍大將陳玄禮密啟太子，誅國忠父子。既而四軍不散，玄宗遣力士宣問，對曰「賊本尚在」，蓋指貴妃也。力士復奏，帝不獲已，與妃詔，遂縊死於佛室。時年三十八，瘞於驛西道側。

一條鮮活的生命，就這樣香消玉殞。三十芳齡塵與土，成為帝王的「替罪楊」。馬嵬坡成為一段愛情的墳墓。我想，當陳玄禮奏稱：「國忠既誅，貴妃不宜再侍候陛下，請賜其死以塞天下怨」時，唐玄宗起初是不忍的。我能夠想像到，玄宗猛然間面對這樣一場突如其來的變故，要讓他對自己心愛的女人狠下殺手，內心一定是非常矛盾，非常痛苦。

我看到這樣的描述：

唐玄宗頓時覺得是當頭一棒。他愣了一下，說了一句：「朕當自處之。」轉身就回到驛站門裡了。進入驛站，唐玄宗頓時覺得天旋地轉，簡直都站不穩

了，他倚靠在拐杖上，垂著頭，待在那裡不動了。這一兩天來，發生的事情太多了，他簡直無法想像，事情怎麼會變成這個樣子呢！他不是盛世天子嗎，怎麼忽然連首都長安都保不住，來到這個地方呢！他和貴妃不是神仙眷屬嗎？怎麼忽然要讓他處死貴妃！普通老百姓夫婦尚且能夠互相扶持、白頭偕老，自己堂堂一個皇帝，怎麼居然連愛妃都保護不了了呢！看著皇帝久久不說話，韋見素的兒子韋諤急了，他上前說到：「今眾怒難犯，安危在晷刻，願陛下速決！」說罷，連著向玄宗磕了幾個頭，血都流下來了。這時候，高力士在旁邊說話了。他說：「貴妃誠無罪，然將士已殺國忠，而貴妃在陛下左右，豈敢自安！願陛下審思之，將士安，則陛下安矣。」

高力士的話說得太透澈了，如果不殺貴妃，將士們恐怕就要連玄宗也一起殺了！於是，一個嚴峻的時刻擺到了玄宗的面前。白居易的詩句說唐玄宗「漢皇重色思傾國」，也許，唐玄宗真的能做到「不愛江山愛美人」，但現在不再是愛江山還是愛美人的問題，現在是玄宗能不能為了心愛的女人，賠上自己老命的問題。

我想最後應該是這樣吧：玄宗讓高力士把楊貴妃領到佛堂，和楊貴妃作最後訣別。楊貴妃說：「願大家好住。妾誠負國恩，死無所恨。」唐玄宗也含著眼淚說：「願

妃子善地受生。」禮佛之後，高力士就把楊貴妃勒死在佛堂之中。這就是白居易〈長恨歌〉所說的「六軍不發無奈何，宛轉蛾眉馬前死。花鈿委地無人收，翠翹金雀玉搔頭。君王掩面救不得，回看血淚相和流。」楊貴妃二十二歲來到唐玄宗身邊，陪伴唐玄宗度過了十六年最快樂的日子，最後又用自己的生命換來了玄宗的平安。絕代佳人就這樣死於非命，對於這場悲劇，清人袁枚憤然寫道：「到底君王負前盟，江山情重美人輕，玉環領略夫妻味，從此人間不再生。」

白居易的〈長恨歌〉裡，還寫有這樣的詩句：「七月七日長生殿，夜半無人私語時。在天願作比翼鳥，在地願為連理枝。天長地久有時盡，此恨綿綿無絕期。」

農曆七月除七，是民間傳說牛郎織女相會的日子，俗稱七夕。「明月幾時有，把酒問青天」，唐玄宗與楊貴妃在長生殿上演了海誓山盟的一幕。

其實，楊貴妃何嘗不知，與帝王之愛，連露水夫妻都不如。所謂的「帝王一諾，駟馬難追」，還有什麼「君無戲言」，在愛情方面，這些話維持不了一炷香。如今的唐玄宗早已不是當年的臨淄王，再沒有了從玄武門奪關斬將、一直殺到太極殿的男兒豪氣。徒喚奈何，竟保不住自己的心愛的女子。

## 八、生死之謎

陸游有詩句「原知死後萬事空」，人走如燈滅，化作一縷清煙，化為一抔黃土。然而，楊貴妃不僅生前留下那麼多的疑團，就是身後，是死是活、身葬何處，也成為一個謎。

《中國歷史名人懸案全破譯》一書，對楊貴妃的最後歸宿，就列出了四種說法：

### 死於馬嵬坡

即是前文描述的情節。高力士將楊玉環引入佛堂縊死，並召陳玄禮等人驗看。還流傳下一個細節，說在運屍下葬之時，楊貴妃一隻錦鞋掉落，被一個老太太撿走。後來這個老太太以這隻錦鞋示遊人觀看，每次收百錢，據此發財，是比較流行的一種說法。

### 俞平伯的考證

俞平伯認為，馬嵬兵變一年後，唐玄宗重返長安遷葬楊貴妃，卻找不到屍首。

「馬嵬坡下泥土中，不見玉顏空死處」。由此俞老先生推斷，當時很可能使了掉包計，以侍女代死，在混亂中楊貴妃得以逃生。對於驗屍云云，俞老先生提出的解釋是：陳玄禮處於當時情景，絕不會認真驗看。出於形勢無奈，陳玄禮以一個軍人，叛迫皇帝裁後，已屬大逆不道，如再仔細驗看貴妃遺體，褻瀆之罪大矣。後來楊貴妃隱匿到女道士院，真正成為「楊真人」，這也是前緣後世的因果報應。

## 楊貴妃死於亂軍之中

這主要見於一些唐詩中的描述。李益七絕〈過馬嵬〉和七律〈過馬嵬〉二首中有「託君休洗蓮花血」和「太真血染馬蹄盡」詩句，說明楊玉環死於亂刃。杜甫〈哀江頭〉有「明眸皓齒今何在，血汙遊魂歸不得」之句，「血汙」二字暗示非縊死於馬嵬驛，因為縊死是不會有血的。張佑〈華清宮和杜舍人〉的「血埋妃子豔」；杜牧〈華清宮三十韻〉的「喧呼馬嵬血，零落羽林槍」；溫庭筠〈馬嵬驛〉的「返魂無驗表煙滅，埋血空生碧草愁」等，似乎都在證實著這一說法。

## 楊貴妃漂流到了國外

來自日本民間和學術界，認為楊玉環逃亡日本，馬嵬驛楊玉環並沒有死，在唐玄宗南逃川蜀的途中，壽王李瑁是負責後勤保障。他豈能眼睜睜看著楊玉環喪命。是在他的精心安排護送下南逃，揚帆出海，飄至日本。日本久谷町久津，至今還保存著許多楊貴妃的廟宇、墳墓、傳說、器物。並傳說她在日本的政壇上又活躍了三十年，到六十八歲才死去。日本山口縣號稱「楊貴妃之鄉」，建有楊貴妃墓。一九六三年，有一位日本女孩向電視觀眾展示了自己的一本家譜，說她就是楊貴妃的後人，甚至連日本著名影星山口百惠也自稱是楊貴妃的後裔。

白居易〈長恨歌〉中「馬嵬坡下泥土中，不見玉顏空死處」的詩句，留存下千年貴妃生死之謎。還記得〈長恨歌〉中最後的描寫嗎？

忽聞海上有仙山，山在虛無縹緲間。樓閣玲瓏五雲起，其中綽約多仙子。
中有一人字太真，雪膚花貌參差是。金闕西廂叩玉扃，轉教小玉報雙成。
聞道漢家天子使，九華帳裡夢魂驚。攬衣推枕起徘徊，珠箔銀屏迤邐開。
雲髻半偏新睡覺，花冠不整下堂來。風吹仙袂飄飄舉，猶似霓裳羽衣舞。

玉容寂寞淚闌干，梨花一枝春帶雨。含情凝睇謝君王，一別音容兩渺茫。
昭陽殿裡恩愛絕，蓬萊宮中日月長。回頭下望人寰處，不見長安見塵霧。
唯將舊物表深情，鈿合金釵寄將去。釵留一股合一扇，釵擘黃金合分鈿。
但教心似金鈿堅，天上人間會相見。

白居易這麼一個寫實主義的大詩人，這段詳盡的描繪，不太可能是空穴來風。其實，亡命日本，這才是最接近真實的傳說，日本有一書《中國傳來的故事》，說得就是這件事。

俞平伯老先生在《論詩詞曲雜著》中，對白居易的〈長恨歌〉和陳鴻的〈長恨歌傳〉作了考證。他認為白居易的〈長恨歌〉、陳鴻的〈長恨歌傳〉之本意，蓋另有所長。如果以「長恨」為篇名，寫至馬嵬已足夠了，何必還要在後面假設臨邛道士和玉妃太真呢？茲是之由，俞先生認為，楊貴妃並未死於馬嵬驛。當時六軍嘩變，貴妃被劫，釵鈿委地，詩中明言唐玄宗「救不得」，所以正史所載的賜死之詔旨，當時絕不會有。陳鴻的〈長恨歌傳〉所言「使人牽之而去」，是說楊貴妃被使者牽去藏匿遠地了。白居易〈長恨歌〉說唐玄宗回鑾後要為楊貴妃改葬，結果是「馬嵬

坡下泥中土，不見玉顏空死處」，連屍骨都找不到，這就更證實貴妃未死於馬嵬驛。值得注意的是，陳鴻作〈長恨歌傳〉時，唯恐後人不明，特為點出：「世所知者有《玄宗本紀》在。」而「世所不聞」者，今傳有〈長恨歌〉，這分明暗示楊貴妃並未死。

楊貴妃楊玉環，真是一個充滿神祕的人物。

# 八、生死之謎

電子書購買


**國家圖書館出版品預行編目資料**

歷史上的紅顏之罪：懂玩夏姬 × 被渣西施 × 最衰昭君 × 間諜貂蟬 × 嬌蠻貴妃，中國五大美人的風流豔史 / 陳為人著 . -- 第一版 . -- 臺北市：崧燁文化事業有限公司 , 2023.01

面；　公分

POD 版

ISBN 978-626-332-917-1( 平裝 )

1.CST: 女性傳記 2.CST: 中國

782.22　　111018644


---

# 歷史上的紅顏之罪：懂玩夏姬 × 被渣西施 × 最衰昭君 × 間諜貂蟬 × 嬌蠻貴妃，中國五大美人的風流豔史

臉書


作　　者：陳為人

發 行 人：黃振庭

出 版 者：崧燁文化事業有限公司

發 行 者：崧燁文化事業有限公司

E-mail：sonbookservice@gmail.com

粉 絲 頁：https://www.facebook.com/sonbookss/

網　　址：https://sonbook.net/

地　　址：台北市中正區重慶南路一段六十一號八樓 815 室

Rm. 815, 8F., No.61, Sec. 1, Chongqing S. Rd., Zhongzheng Dist., Taipei City 100, Taiwan

電　　話：(02)2370-3310　　　　傳　　真：(02) 2388-1990

印　　刷：京峯彩色印刷有限公司（京峰數位）

律師顧問：廣華律師事務所 張珮琦律師





定　　價：250 元

發行日期：2023 年 01 月第一版

◎本書以 POD 印製